JN084415

の本の特色としくみ

本書は，過去の高校入試問題を分析し，約2000の漢字・語句を出題頻度によってレベルA～Cに配列，収録した書き込み式の問題集です。

漢字の読み・書きのほかに，同音異義語・同訓異字，類義語・対義語，慣用句・ことわざ・四字熟語などの問題も多数収めているので，多様な出題形式の問題にも対応でき，この１冊で，高校入試の漢字・語句を徹底演習することが可能です。

巻末に設けた「仕上げテスト」では，実力が身についたかどうかを試すことができます。

解答は，答え合わせがしやすいように別冊としました。解答だけでなく誤りやすい読み方や漢字の誤答例を示したので，まぎらわしい読み・書き問題にも役立ちます。

CONTENTS 目次

1 漢字の読み・書き、送りがなのある漢字の書き ①

解答▶別冊1ページ

1回目 /57

2回目 /57

1 次の――線のカタカナを漢字に直しなさい。

❶ 無責任な行動を**ヒナン**する。（悪いところやあやまちをせめとがめること）〔　　〕

❷ 食事会の費用を、全員で**フタン**する。〔　　〕

❸ 危機意識の**キハク**が招いた事故。〔　　〕

❹ 原稿の執筆を**イライ**する。〔　　〕

❺ 大**キボ**なショッピングセンター。〔　　〕

❻ 明確な**コンキョ**を示して説明する。（類義語は「理由」）〔　　〕

❼ **キチョウ**な生物を守る。〔　　〕

❽ 品質を**ゲンミツ**に検査する。〔　　〕

❾ 交通**キセイ**のため、遅刻した。（ルールを設けて取りしまること）〔　　〕

❿ 先代の偉大な**ギョウセキ**をたたえる。〔　　〕

⓫ 自動車が通るのを**ボウガイ**する。〔　　〕

⓬ 生活の**キバン**が壊れる。〔　　〕

⓭ 相続の権利を**ホウキ**する。〔　　〕

⓮ **センレン**された着こなしをする。〔　　〕

⓯ 自動車が自転車に**ショウトツ**した。〔　　〕

⓰ 逆転して**カンセイ**を上げた。（喜びのために上げる声）〔　　〕

⓱ 作戦の**ショウサイ**を説明する。〔　　〕

⓲ 作業の**ムダ**を省く。〔　　〕

⓳ 作業を**コウリツ**よく行う。〔　　〕

⓴ 道路の**カクチョウ**工事をする。〔　　〕

㉑ **ダイタン**な作戦をたてる。〔　　〕

㉒ 緊急**ジタイ**に備える。〔　　〕

㉓ 飛行機の**ソウジュウ**を習う。（飛行機などの大型機械を運転すること）〔　　〕

㉔ **アンイ**な考えで選択しない。〔　　〕

㉕ **カンヨウ**な態度で接する。（対義語は「狭量」）〔　　〕

㉖ **コウガイ**に家を建てる。〔　　〕

㉗ **エンリョ**なく夕食をいただく。〔　　〕

2 次の――線の漢字の読み方を書きなさい。

❶ この小説は傑作である。（　　）
❷ 父は仕事で北海道に赴任した。（　　）
任地に行くこと
❸ 野球選手は冬に体を鍛える。（　　）
❹ 日記を書くのを怠る。（　　）
なまける
❺ 厄介なことに巻きこまれる。（　　）
❻ 平穏な毎日を過ごす。（　　）
❼ 子どもを抱えて運ぶ。（　　）
❽ 虫に対して嫌悪感をもつ。（　　）
❾ 目標の達成に執着する。（　　）
❿ 土手が崩れないように土を盛る。（　　）
⓫ 短い言葉に思いを凝縮させる。（　　）
内容などを一点に集中させること
⓬ 自慢の歌声を披露する。（　　）
⓭ 中国の人口は膨大である。（　　）
⓮ 新幹線は日本列島を貫いている。（　　）
⓯ 学校の生徒会に関わっている。（　　）

3 次の――線のカタカナを、漢字と送りがなで書きなさい。

❶ 参加するようにウナガス。（　　）
物事が早く進むようにする
❷ 両手で顔をオオウ。（　　）
❸ 高いビルの上から町をナガメル。（　　）
❹ 敵のわなにオチイル。（　　）
❺ この会社の成長はイチジルシイ。（　　）
はっきりとわかるほどめざましい
❻ 秒針が時をキザム。（　　）
❼ お風呂でシャワーをアビル。（　　）
❽ 地動説をトナエル。（　　）
❾ 危険な場所をサケル。（　　）
❿ 人ごみにマギレル。（　　）
⓫ 水を飲んで水分をオギナウ。（　　）
⓬ ホガラカに生きていこう。（　　）
⓭ ツバキの花の色がアザヤカだ。（　　）
⓮ 魚屋をイトナム。（　　）
⓯ キビシイ冬を乗り越える。（　　）

解答 ▶ 別冊 1ページ

1回目 /57

2回目 /57

1 次の――線のカタカナを漢字に直しなさい。

❶ 公共料金の値上げに**コウギ**する。（　）
❷ あなたのアイデアに**キタイ**している。（　）
❸ **フシギ**なことが起こる。（　）
❹ この神社の**ユライ**を調べた。（　）
❺ ネズミが伝染病を**バイカイ**する。 ↳なかだちをすること（　）
❻ この液体は**トウメイ**だ。（　）
❼ ドラマの**ボウトウ**で事件が起こる。（　）
❽ 被害者の気持ちに**ハイリョ**する。（　）
❾ 作戦どおりに**スイコウ**する。 ↳任務などをなしとげること（　）
❿ 長雨で、冷害の起きるのを**オソ**れる。（　）
⓫ **ハケン**会社に勤める。（　）
⓬ 走るペースを**イジ**する。 ↳その状態を保つこと（　）
⓭ 試験に出る**ハンイ**を教える。（　）
⓮ 人々の注意を**カンキ**する。 ↳よびおこすこと（　）
⓯ その事件が新聞に**ケイサイ**された。（　）
⓰ この技術を**クシ**して人の役に立てる。（　）
⓱ クラブの伝統を**ケイショウ**する。 ↳受けつぐこと（　）
⓲ この家の**ヨクシツ**は広い。（　）
⓳ 子どもが**スコ**やかに育つように祈る。（　）
⓴ 結婚式に先生を**ショウタイ**する。（　）
㉑ 偉大な**コウセキ**を残す。（　）
㉒ 公園で新品の本を**ヒロ**った。（　）
㉓ 子どもを保育園に**アズ**ける。（　）
㉔ 東京と大阪を**オウフク**する。（　）
㉕ 毛糸でセーターを**ア**む。（　）
㉖ 野菜は**チョゾウ**庫に入れてある。（　）
㉗ 自動車会社の**エイギョウ**部で働く。（　）

2 次の――線の漢字の読み方を書きなさい。

❶ ネコが一点を**凝視**している。 じっと見ること（　　）
❷ **体裁**を気にしすぎる。（　　）
❸ **婚姻**届を役所に提出する。 類義語は「結婚」（　　）
❹ 酒の**醸造**過程を調査する。（　　）
❺ **辛抱**することも大事である。（　　）
❻ **雑踏**の中に入るのは苦手だ。（　　）
❼ 試合に負けたので、監督を**更迭**した。（　　）
❽ 夏休みには実家に**帰省**する。 類義語は「帰郷」「帰宅」（　　）
❾ ホタルを見て夏の**風情**を楽しむ。（　　）
❿ 決議を委員会に**委**ねる。（　　）
⓫ 問題を**円滑**に処理する。（　　）
⓬ これは**不朽**の名作だ。 いつまでも残ること（　　）
⓭ 駅で会った知人に**会釈**した。（　　）
⓮ 楽しい時間を**満喫**した。 十分に楽しむこと（　　）
⓯ 先生は**柔和**な性格をしている。（　　）

3 次の――線のカタカナを、漢字と送りがなで書きなさい。

❶ 未来を**ニナウ**のは子どもたちだ。（　　）
❷ 卒業した学校を**オトズレル**。（　　）
❸ 外国の大臣を国会に**マネク**。（　　）
❹ 私たちに大きな影響を**オヨボス**。（　　）
❺ 幕府の勢いが**オトロエル**。 弱くなる（　　）
❻ 先頭に立って、みんなを**ミチビク**。（　　）
❼ 大きな家を**キズク**。（　　）
❽ 決勝の試合に**ノゾム**。（　　）
❾ 税金の支払いが**トドコオル**。 払いがたまる（　　）
❿ 必要な対策を**ホドコス**。（　　）
⓫ つまらないことに時間を**ツイヤス**。 時間・お金・労力などを使う（　　）
⓬ 神社の中は**オゴソカ**な雰囲気だ。（　　）
⓭ 上手に人形を**アヤツル**。（　　）
⓮ ボートが湖を**タダヨウ**。（　　）
⓯ 花に誕生日のカードを**ソエル**。（　　）

解答 ▶ 別冊2ページ

1回目 /57

2回目 /57

1 次の——線のカタカナを漢字に直しなさい。

❶ 守備が**センモン**の選手。（　　）
❷ 外国との**ボウエキ**が拡大する。（国家間などで行われる物品の売買）（　　）
❸ 彼は**テンケイ**的な日本人だ。（　　）
❹ **キフク**の多いマラソンコースを走る。（土地などが平らでなく上がり下がりがあること）（　　）
❺ この電気回路は**フクザツ**だ。（　　）
❻ 彼は衆議院議員の**コウホ**者だ。（　　）
❼ 人工**エイセイ**の打ち上げに成功した。（　　）
❽ 市役所に**キンム**している。（　　）
❾ 贈り物をきれいに**ホウソウ**する。（　　）
❿ 限りある貴重な**シゲン**を大切にする。（　　）
⓫ 機械の**コショウ**を修理する。（　　）
⓬ ピアノの**エンソウ**会に行く。（　　）
⓭ 機械の**ソウサ**を習う。（　　）

⓮ **フンキ**して困難に立ち向かう。（ふるいたつこと）（　　）
⓯ 遠くの的を矢で**イ**る。（　　）
⓰ 委員会の決定に**シタガ**う。（　　）
⓱ 厚手の布をはさみで**タ**つ。（　　）
⓲ 手を洗って**セイケツ**に保つ。（　　）
⓳ 生徒を合宿へ**ヒキ**いて行く。（　　）
⓴ 作品の**ヒヒョウ**が気になる。（　　）
㉑ 日本の気候は**オンダン**である。（　　）
㉒ 風呂のお湯が**サ**める。（　　）
㉓ 乾燥して木材が**ソ**る。（　　）
㉔ **テキギ**昼食をとってよろしい。（各自がよいと思うようにすること）（　　）
㉕ 魚の**カンヅメ**をおかずにする。（　　）
㉖ その湖は**マボロシ**のように消えた。（　　）
㉗ 事態は**ドロヌマ**化していった。（　　）

2 次の——線の漢字の読み方を書きなさい。

❶ わがままな行為に**翻弄**される。（思うままにもてあそぶこと）（　　）
❷ 雑誌の**巻頭**を飾る。（　　）
❸ 自分の小説が**英訳**された。（　　）
❹ 近くで**雷鳴**がとどろいた。（　　）
❺ 空き地に草が**茂**っている。（　　）
❻ 泳いだので頭から水が**垂**れている。（　　）
❼ 金属の表面を磨いて**光沢**を出す。（　　）
❽ 山がいくつも**連**なっている。（　　）
❾ 辺り一面、雪に**覆**われている。（　　）
❿ 祭りの**太鼓**が鳴り響く。（　　）
⓫ 客がたくさん来て**多忙**を極める。（　　）
⓬ 仕事のため休みを**犠牲**にする。（　　）
⓭ 友人の親切に心が**和**む。（　　）
⓮ **緊密**な連絡体制をとる。（　　）
⓯ 新天地で農業を**営**むことにした。（　　）

3 次の——線のカタカナを、漢字と送りがなで書きなさい。

❶ 長期戦に備えて体力を**ヤシナウ**。（　　）
❷ 日本記録を**チヂメル**力走をした。（　　）
❸ 手帳とボールペンを**タズサエル**。（身につけて持っていく）（　　）
❹ 絵の展覧会を**モヨオス**。（人々が集まる行事を企画し、行う）（　　）
❺ 落ち込む友人を**ナグサメル**。（　　）
❻ 熱を**トモナウ**頭痛。（　　）
❼ 骨は体を**ササエル**。（　　）
❽ 多大な損害を**コウムル**。（身に受ける）（　　）
❾ 高い山に**イドム**。（立ち向かっていく）（　　）
❿ **ケワシイ**道を歩く。（　　）
⓫ 新しい方針を**シメス**。（　　）
⓬ 外出用の服で**ヨソオウ**。（　　）
⓭ 大きな音をたてて紙を**ヤブル**。（　　）
⓮ 首都がおおいに**サカエル**。（　　）
⓯ 初日の出を**オガム**。（　　）

解答 別冊2ページ

1回目 /57

2回目 /57

1 次の――線のカタカナを漢字に直しなさい。

❶ チンリョウを値上げする。（物品などを借りるための料金）〔　〕
❷ メンミツに計画を立てる。〔　〕
❸ ソショウは取り下げられた。〔　〕
❹ ケイチョウ見舞金を支給する。〔　〕
❺ バンゼンの準備をする。〔　〕
❻ この方法にはヘイガイがある。（悪い面のこと）〔　〕
❼ あそこのコカゲに犬がいる。〔　〕
❽ どうぞよろしくお願いモウし上げます。〔　〕
❾ パンにバターをキントウにぬる。〔　〕
❿ 板の表面にオウトツがある。〔　〕
⓫ ヒガタに多くの海鳥がいる。（海岸部にできる、主に泥でできた低湿地帯）〔　〕
⓬ 土のカタマリを投げる。〔　〕
⓭ 作品をシンサする。〔　〕
⓮ ドウケツの中を探検する。（人が入れるようなほらあな）〔　〕
⓯ 日本は石油をビチクしている。〔　〕
⓰ パーティーへの参加をジシュクする。（自らつつしむこと）〔　〕
⓱ 三つのセンタクシがある。（質問に対して用意された答え）〔　〕
⓲ 大雪で松の枝がオれる。〔　〕
⓳ シと仰いで尊敬する。〔　〕
⓴ 入試でデンタクを使える場合がある。〔　〕
㉑ 夏休みをベッソウで過ごす。〔　〕
㉒ 行状をアラタめて真面目になる。〔　〕
㉓ アイスクリームなどをヒョウカという。〔　〕
㉔ マムシはドクヘビだ。〔　〕
㉕ 災害にアった人々を助ける。〔　〕
㉖ 切れないナイフをトぐ。〔　〕
㉗ 新シャオクが完成した。〔　〕

2 次の――線の漢字の読み方を書きなさい。

❶ 新しい課題に**挑戦**する。（　　）

❷ 箱にりんごを**詰**める。（　　）

❸ 旅行会社から**旅程**表が届く。（　　）
旅行などの予定

❹ 日本列島を**縦貫**する高速道路。（　　）

❺ ボランティア活動で地域に**貢献**する。（　　）

❻ まわりの**雰囲気**になじむ。（　　）

❼ 論文で現代社会に**警鐘**を鳴らす。（　　）
注意を促すために鳴らす合図

❽ 山の**頂**から初日の出を見る。（　　）

❾ わい雑で**刺激**の多い町。（　　）

❿ 重要な地位を**歴任**する。（　　）
次々と官職などに任ぜられてきたこと

⓫ 休日には国旗を**掲**げている。（　　）

⓬ 事件はさまざまな問題を**包含**している。（　　）

⓭ 次の日曜日に県知事の**選挙**がある。（　　）

⓮ 病院で人工**透析**を受ける。（　　）
老廃物を浄化すること

⓯ **竹刀**を振りかざす。（　　）

3 次の――線のカタカナを、漢字と送りがなで書きなさい。

❶ 暗がりに**ヒソム**。（　　）
類義語は「隠れる」

❷ いたずらな子どもを**サトス**。（　　）

❸ 逃げるのを**サマタゲル**。（　　）

❹ ボールが高く**ハズム**。（　　）

❺ 基礎学力を**ツチカウ**。（　　）
類義語は「養う」「成育する」

❻ 判断を先生に**ユダネル**。（　　）

❼ 花瓶に水を**ソソグ**。（　　）

❽ **オダヤカ**な風が吹く。（　　）

❾ 金属が電波を**サエギル**。（　　）

❿ アパートの入居者を**ツノル**。（　　）

⓫ 議論を**タクミ**にかわす。（　　）
類義語は「上手」「うまい」

⓬ 会社が急成長を**トゲル**。（　　）

⓭ 彼の申し出を**コバム**。（　　）

⓮ つらい労働を**シイル**。（　　）

⓯ 地下の資源が**トボシイ**。（　　）

5 漢字の読み・書き、同音異義語①

解答 別冊3ページ

1回目 /57

2回目 /57

1 次の――線のカタカナを漢字に直しなさい。

❶ ソウじて子どもたちは元気だった。（　　）

❷ 回転トビラを押して通る。（　　）

❸ チセツな文章しか書けない。（　　）
↳対義語は「巧妙」「老巧」

❹ 劇が終わってマクが下りた。（　　）

❺ 体の各ブイを調べる。（　　）

❻ 一年生のクラスタンニンになった。（　　）

❼ おいしそうなハクトウをいただく。（　　）

❽ この文章をカイシャクするのは簡単だ。（　　）

❾ 秀吉は信長のチュウシンであった。（　　）
↳主君に尽くす家来

❿ 彼はなかなかのコウセイネンだ。（　　）

⓫ 映画館に演芸場がヘイセツされている。（　　）
↳あわせて造られていること

⓬ シバが枯れて茶色になる。（　　）

⓭ 総理大臣が本会議にノゾむ。（　　）

⓮ 鉄道事故のため、会社にチコクした。（　　）

⓯ 浜辺での花火はキンシされている。（　　）

⓰ アツみのある封筒が届く。（　　）

⓱ 苦しい練習にヨワネを吐く。（　　）
↳意気地のない言動

⓲ この試合では彼が先発でトウバンした。（　　）
↳野球で投手として出場すること

⓳ 先生に原稿のシッピツをお願いした。（　　）

⓴ 部屋にカシツ器を置く。（　　）

㉑ 映画館でコワい映画を見る。（　　）

㉒ 社長のケッサイを仰ぐ。（　　）
↳部下の出した案件の採否を決めること

㉓ このごはんはネバり気がある。（　　）

㉔ 古いチソウの中に化石を発見した。（　　）

㉕ 頭の後ろをカガミで見る。（　　）

㉖ 本を借りたレイを言う。（　　）

㉗ この模型はクフウがしてある。（　　）

2 次の――線の漢字の読み方を書きなさい。

❶ **華麗**な絵巻物を展示する。
❷ むずかしい事件を**裁**く。
❸ 委員長に推薦されたが**固辞**した。
❹ **突飛**な行動でみんなを驚かせる。
　突飛：並外れて風変わりな様子
❺ 彼の人柄に**傾倒**している。
　傾倒：夢中になること
❻ 上着のほころびを**繕**う。
❼ 森に吹いてくる風が**快**い。
❽ その体は厳しい**鍛練**のおかげだ。
❾ 仏前に花を**供**える。
❿ 痛みの感覚が**欠如**している。
⓫ そのホームランが**勝敗**を決した。
⓬ **呉服**屋で着物をしつらえた。
⓭ 作業員に**寸志**を手渡す。
　寸志：心ばかりの気遣い、贈り物
⓮ 説明書の**要旨**を簡潔にまとめる。
⓯ **復興**に向けて国が動き始めた。

3 次の――線のカタカナを漢字に直しなさい。

❶ 家族を**ショウカイ**する。
❷ 身元を**ショウカイ**する。
　ショウカイ：問い合わせて確かめること
❸ **ホウフ**な知識をもっている。
❹ 新年の**ホウフ**を述べる。
❺ **ヒッシ**の形相で戦う。
❻ 追試になるのは**ヒッシ**だ。
❼ 賛成の**イシ**表示をする。
❽ 彼の勉強への**イシ**は強い。
❾ 亡父の**イシ**を守る。
❿ 暗闇を**シンチョウ**に進む。
⓫ 意味**シンチョウ**なことを言う。
⓬ スーツを**シンチョウ**する。
⓭ **エイセイ**管理が行き届いている。
⓮ また人工**エイセイ**を打ち上げた。
⓯ スイスは**エイセイ**中立国である。

解答▶別冊3ページ

1回目 /57
2回目 /57

1 次の――線のカタカナを漢字に直しなさい。

❶ 市役所に行くのはハジめてだ。〔　〕
❷ 道路をナナめに横切ってはいけない。〔　〕
❸ 役所に特許をシュツガンする。〔　〕
❹ 玄関のドアをトじる。〔　〕
❺ よろいや刀をブグという。〔　〕
（戦いに用いる装備品や着用するもの）
❻ コテン文学に親しむ。〔　〕
❼ 子やマゴに財産を残す。〔　〕
❽ ひな祭りにはアマザケが出てくる。〔　〕
（米やこうじなどで作られた飲み物）
❾ 「が」や「を」などをジョシという。〔　〕
❿ 日がクれるのが早くなった。〔　〕
⓫ シホウを担うのは裁判所である。〔　〕
（三権分立のうち法律をもって裁く権利）
⓬ 大雨で増水した川はアブない。〔　〕
⓭ 物を買うときはソッケツしない。〔　〕

⓮ この国をエイジュウの地にする。〔　〕
⓯ 学校にタテブエを持っていく。〔　〕
⓰ 剣道のワザを磨く。〔　〕
⓱ その商品は、先払いがジョウケンだ。〔　〕
（類義語は「前提」）
⓲ 雨が降ってきたのでカサをさした。〔　〕
⓳ インクを紙にスい込ませる。〔　〕
⓴ 新潟は日本のコクソウ地帯である。〔　〕
（米や麦などがたくさんとれるところ）
㉑ カンコン葬祭の行事が続く。〔　〕
㉒ 木材をモやして炭を作る。〔　〕
㉓ 牛を二十匹ヤシナっている。〔　〕
㉔ ノートを持って来るのをワスれた。〔　〕
㉕ 現状にマンゾクしてはいけない。〔　〕
㉖ 不良品をノゾいて出荷する。〔　〕
㉗ ナイフで切った指がイタむ。〔　〕

2 次の——線の漢字の読み方を書きなさい。

❶ 定年後は**嘱託**社員として働く。
（嘱託…正式な社員に採用しないまま職務を任すこと）

❷ 詩の行末に**韻**を踏んでいる。
（韻…音の響きやしらべ）

❸ 試合の途中で**円陣**を組んだ。

❹ 深い**渓谷**を山の上から見る。

❺ 父の**遺言**書を開封する。

❻ 研究のために時間を**費**やす。

❼ 七階に**寝具**の売り場がある。

❽ 仕事を**妨**げないようにする。

❾ 自動車の走る**騒音**が激しい。
（騒音…大きく不快な音）

❿ かばんを**提**げて歩く。

⓫ 大きな船が港に**停泊**している。
（停泊…船が停止してそのまま夜を明かすこと）

⓬ **沸騰**した湯を冷ましておく。

⓭ きれいに**着飾**った人でにぎわう。

⓮ けがの**治療**をしてもらう。

⓯ 有名な画家の**絵画**を手に入れる。

---

3 次の——線のカタカナを漢字に直しなさい。

❶ **ヒナン**を浴びる。

❷ 津波の**ヒナン**訓練が実施される。

❸ 今年の夏は**イジョウ**に暑い。

❹ それ**イジョウ**はできない。

❺ **イゼン**として勉強が進んでいない。
（イゼン…もとのまま変わっていない様子）

❻ **イゼン**は、ここに川が流れていた。

❼ 正月前は人の**イドウ**が激しい。

❽ 人事**イドウ**の季節になった。
（イドウ…地位や勤務地などの変更があること）

❾ 両者に**イドウ**はない。

❿ 映画づくりに**カンシン**がある。

⓫ なんて**カンシン**な子なのだろう。

⓬ 人の**カンシン**を買う。

⓭ 製品の品質を**ホショウ**する。
（ホショウ…大丈夫だと請け負うこと）

⓮ 安全**ホショウ**の会議が開催される。
（ホショウ…安全・安心が乱されないように保つこと）

⓯ 国家が被害を**ホショウ**する。

7 漢字の読み・書き、同音異義語 ③

解答▶別冊4ページ

1回目　/57

2回目　/57

1 次の——線のカタカナを漢字に直しなさい。

❶ 彼は学力を**ノ**ばしている。（　　）

❷ 人類は**ウチュウ**を探究してきた。（　　）

❸ ときには**ニガ**い思いをする。（　　）

❹ 新しい生活に**ナ**れる。（　　）

❺ 大きい**マド**があるので部屋が明るい。（　　）

❻ 物音にはっとして**アタ**りを見回した。（　　）
　↳類義語は「周囲」

❼ 他人でもよく**ニ**ている人がいるものだ。（　　）

❽ **ホ**を上げて出航する。（　　）

❾ 今日の会見は**キョゼツ**された。（　　）

❿ ビールの**セン**を抜く。（　　）

⓫ 交通**イハン**をしないように運転する。（　　）

⓬ あと一点のところで**ハイボク**した。（　　）
　↳勝負に負けること

⓭ 友人と国語の点を**キソ**う。（　　）

⓮ 出張先でレンタカーを**カ**りる。（　　）

⓯ 英語の実力を**ミト**められた。（　　）

⓰ **ジョウシキ**外れのことをする隣人。（　　）

⓱ 教師の**セキニン**問題に発展する。（　　）

⓲ 川に**ソ**って桜の木が植えられている。（　　）

⓳ **ギャク**もまた真なり。（　　）

⓴ 喜劇映画を見て**ワラ**う。（　　）

㉑ この箱は電波を**シャダン**する。（　　）
　↳通らないようにさえぎること

㉒ 都市部**キンコウ**の天気を報じる。（　　）
　↳都市周辺の地域

㉓ 不要な物は**ス**てるほうがよい。（　　）

㉔ 時計のねじを**マ**く。（　　）

㉕ **モウハツ**を茶色に染める。（　　）

㉖ このせっけんは**アワ**だちがよい。（　　）

㉗ **ケイジ**裁判を傍聴する。（　　）

2 次の――線の漢字の読み方を書きなさい。

❶ 机の周辺をきれいに整えた。〔　　〕
❷ 毎朝、海浜公園を散歩する。〔　　〕
❸ 約束を守るように努める。〔　　〕
❹ 国家の防御体制を改める。〔　　〕
類義語は「防衛」
❺ 店のお薦めでコロッケを食べた。〔　　〕
❻ この政党には二つの派閥がある。〔　　〕
出身、利害などによる人々のつながり
❼ その事故で多くの貴い命が奪われた。〔　　〕
❽ 彼は秀才の誉れが高い。〔　　〕
よい評判
❾ 若い人には輝かしい未来がある。〔　　〕
❿ 隣人は激しい口調でまくし立てた。〔　　〕
⓫ けが人に応急手当を施す。〔　　〕
⓬ スープを冷めないうちに飲む。〔　　〕
⓭ 眺めのいい部屋に宿泊した。〔　　〕
⓮ 急流に岩が砕ける。〔　　〕
⓯ 彼は物を率直に言う人だ。〔　　〕

3 次の――線のカタカナを漢字に直しなさい。

❶ カイトウ用紙に答えを書く。〔　　〕
❷ アンケートにカイトウする。〔　　〕
❸ ヤセイの熊が出没する。〔　　〕
❹ あの歌手はヤセイ的な魅力がある。〔　　〕
❺ 神は天地をソウゾウした。〔　　〕
❻ ソウゾウどおりの人だった。〔　　〕
❼ 下品なコウイはするな。〔　　〕
❽ 彼はコウイ的に接してくれる。〔　　〕
親切な気持ち
❾ ごコウイに感謝いたします。〔　　〕
深い思いやりのある心
❿ 中学生タイショウの問題集を買う。〔　　〕
⓫ 姉妹の性格はタイショウ的だ。〔　　〕
ちがいがはっきりしている様子
⓬ 左右タイショウとなる図形。〔　　〕
二つのものがつり合う関係にあること
⓭ セイサン管理がいきとどく。〔　　〕
⓮ 店の支払いをセイサンする。〔　　〕
⓯ 借金をセイサンする。〔　　〕

1 次の――線のカタカナを漢字に直しなさい。

❶ **ジュウナン**体操をしてけがを防止する。
やわらかい様子

❷ 飛行機の後方には垂直**ビヨク**がある。
飛行機の後部にある羽根

❸ イチョウが**カ**れて、葉が落ちている。

❹ 強くなる**ヨク**がないと上達しない。

❺ **ヤマハダ**に雪が残っている。

❻ もう外には**カフン**が飛ぶ季節だ。

❼ **ユル**しを得て、よその家に入る。

❽ これは**カンタン**な問題だ。

❾ 先生は彼を**ウタガ**いの目で見た。

❿ 感動して**ナミダ**が出た。

⓫ **ケイザイ**は回復しつつある。
社会の生産活動、または生産活動を調整する制度

⓬ みんなに**ヨ**びかけて募金をしよう。

⓭ その国との交流はその後**タ**えた。

⓮ **トウダイ**の明かりが船の目印となる。

⓯ 夏になって**カ**に刺される。

⓰ 住宅街に大**テイタク**が並ぶ。

⓱ 食品会社を**イトナ**んでいる。

⓲ 人前で自分の意見を**ノ**べる。

⓳ 彼女のギター演奏は好評を**ハク**した。
評判などを得る

⓴ 彼は話題の**ホウフ**な人だ。

㉑ あの人に**カギ**って悪いことはしない。

㉒ 物品の**ユソウ**に携わっている。

㉓ 会社の**キソク**を守る。

㉔ 日本三大**チンミ**を食べる。

㉕ 天下**タイヘイ**の世が続く。
何の事件もなく穏やかなこと

㉖ 船への**シンスイ**が激しいので避難した。

㉗ **ワタ**の入ったふとんをかける。

解答 別冊4ページ

1回目 /57

2回目 /57

2 次の——線の漢字の読み方を書きなさい。

❶ 地震で古い建物が**崩壊**する。（　　）

❷ **衝動**的に物を買う。（　　）
ふと心をつき動かされて行動してしまう様子

❸ 相手の案に**妥協**した。（　　）

❹ 感情を**抑**えて話し合う。（　　）

❺ ホテルでの**華**やかな結婚式に出た。（　　）

❻ その主張は事実と**矛盾**している。（　　）
二つの事柄が同時に成り立たないこと

❼ 彼はこの大会の**覇者**となった。（　　）

❽ **債務**をなくして胸をなで下ろす。（　　）
借金を返す義務

❾ 新作の本が**刷**り上がった。（　　）

❿ 戦争で敵国が**降伏**する。（　　）

⓫ 体操の**妙技**が見られた。（　　）

⓬ 人生の**岐路**に立たされる。（　　）
分かれ道

⓭ 彼女は**純朴**な女性である。（　　）

⓮ ここから遠い町に**嫁**ぐ。（　　）

⓯ 図書館で**蔵書**の検索をする。（　　）

3 次の——線のカタカナを漢字に直しなさい。

❶ 事態はやっと**シュウシュウ**された。（　　）

❷ 切手を**シュウシュウ**する。（　　）

❸ 芸能界で**セイコウ**を手にする。（　　）

❹ この時計は**セイコウ**だ。（　　）

❺ 国語はぼくの**トクイ**な科目だ。（　　）

❻ 彼は**トクイ**な能力を持っている。（　　）

❼ ぼくは彼の意見を**シジ**する。（　　）

❽ 社長の**シジ**どおりに動く。（　　）

❾ 有名な作家に**シジ**する。（　　）

❿ リンカーンは奴隷を**カイホウ**した。（　　）
束縛をといて自由にすること

⓫ 日曜日は運動場を**カイホウ**する。（　　）
制限をなくして自由に出入りさせること

⓬ 病状は**カイホウ**に向かった。（　　）

⓭ 彼のしたことを**ツイキュウ**する。（　　）
罪などをあばくために問い詰めること

⓮ 会社は利益を**ツイキュウ**する。（　　）
何かを得るために努力すること

⓯ 真理を**ツイキュウ**する。（　　）

1 次の――線のカタカナを漢字に直しなさい。

❶ 今日は**ヒカク**的暖かい。

❷ 米の**シュウカク**の季節を迎える。
（作物などをとりこむこと）

❸ みんなの前で自己**ショウカイ**をする。

❹ 痛みに**ビンカン**になる。

❺ それは買わないほうが**ケンメイ**だ。

❻ インターネットが世界に**フキュウ**する。
（広まること）

❼ 勝った**シュンカン**に二人は抱き合った。

❽ 寝る前にシャワーを**ア**びる。

❾ 自分が**ナットク**することが大事だ。
（類義語は「合点」）

❿ その分野は未開拓の**リョウイキ**だ。

⓫ 服装が派手なことを**シテキ**した。

⓬ その話は**バクゼン**としている。
（対義語は「明確」）

⓭ 色合いが**ビミョウ**に違う。

⓮ コンクールで最優秀賞を**カクトク**した。

⓯ 目的達成までの**カテイ**を報告する。
（物事が進行、変化していく途中の段階）

⓰ 幻を見たような**サッカク**に陥った。

⓱ 『リア王』はシェークスピアの**ケッサク**。

⓲ この港では**オキアイ**漁業が盛んだ。

⓳ あの社長は本当に**エラ**い人だ。

⓴ 寒くて**クチビル**がひび割れる。

㉑ 終点でバスを**オ**りる。

㉒ 会議が終わっていすを**カタヅ**けた。

㉓ 相手に自分の**セイメイ**を名乗る。

㉔ この薬草はすり傷に**キ**く。
（うまく働く）

㉕ 庭に**タケガキ**を組み立てた。

㉖ **コウキュウ**でキャッチボールをする。

㉗ 無駄な**テイコウ**をする。

解答 別冊 5ページ

1回目 /57

2回目 /57

2 次の――線の漢字の読み方を書きなさい。

❶ 気持ちを**奮**い立たせて戦う。（　　）

❷ 二国間の力は**均衡**を保っている。（　　）
（均衡：つり合いがとれていること）

❸ 幼年時代を**懐**かしむ。（　　）

❹ 扉を**隔**てて向かい合っている。（　　）

❺ この木は**樹齢**三百年を超える。（　　）

❻ 問題点を**把握**する。（　　）

❼ テニスボールが大きく**弾**んだ。（　　）

❽ 恐怖が突然、彼を**襲**った。（　　）

❾ この薬品は植物が生長するのを**促**す。（　　）

❿ 自然から多くの**恩恵**を受ける。（　　）
（恩恵：ある事柄などから得られる利益）

⓫ 鍵が見つからず、ひどく**慌**てた。（　　）

⓬ 行ったまま**戻**らないかもしれない。（　　）

⓭ 合格**祈願**に絵馬をかける。（　　）

⓮ 料理の材料を**吟味**する。（　　）
（吟味：よく調べること）

⓯ 図書館で借りた本を**返却**する。（　　）

3 次の――線のカタカナを漢字に直しなさい。

❶ 背中が**イタ**む。（　　）

❷ 材料の魚が**イタ**む。（　　）
（悪くなる。腐る）

❸ 彼のバッティングは神**ワザ**だ。（　　）
（行い）

❹ 手品の**ワザ**を磨く。（　　）

❺ ときどき雑音が**マ**じる。（　　）

❻ 子どもの中に大人が**マ**じる。（　　）

❼ 喜びを満面に**アラワ**す。（　　）

❽ ついに正体を**アラワ**した。（　　）

❾ たくさんの小説を**アラワ**した。（　　）

❿ 今日はやけに**アツ**い。（　　）

⓫ **アツ**いお茶を飲む。（　　）

⓬ 彼は友情に**アツ**い人だ。（　　）

⓭ 友達のノートを**ウツ**す。（　　）
（そのとおりに書く）

⓮ 鏡に姿を**ウツ**す。（　　）
（像を見えるようにする）

⓯ 首都を東京に**ウツ**す。（　　）

1 次の——線のカタカナを漢字に直しなさい。

❶ 復習や予習を**テッテイ**する。（中途半端にしないこと）

❷ 門を大きく**カマ**えて玄関をつくる。

❸ **シンボウ**強くチャンスを待つ。

❹ 大勢の前で**ハジ**をかく。

❺ 教育資金に**ヨユウ**がない。

❻ **コチョウ**した表現で報道される。（おおげさに表現すること）

❼ **カンキョウ**の保全に力を入れる。

❽ **グウゼン**にあの人と出会った。

❾ 友人を音楽会に**サソ**う。

❿ ハトは平和の**ショウチョウ**とされる。

⓫ 生徒の意見を学校運営に**ハンエイ**する。（影響が及んで現れること）

⓬ 野球には多くの**ミリョク**がある。

⓭ かぜをひいて体力が**オトロ**える。

⓮ あれは何を**シサ**しているのか。（暗に意味すること。それとなく教えること）

⓯ ないようでも人は**クセ**を持っている。

⓰ パソコンの**キノウ**を使い切る。

⓱ 人の**ケハイ**に目がさめる。

⓲ 庭に生い**シゲ**った草をむしる。

⓳ 日本の人口は**ゼンゲン**している。（少しずつへること）

⓴ 彼の意見は**マッサツ**された。

㉑ 念願の第一子を**サズ**かる。

㉒ 電車の扉にかばんが**ハサ**まった。

㉓ 今日は**クモ**りがちの天気だ。

㉔ 食べ物を**ソマツ**に扱うな。（おろそかに扱うこと）

㉕ ふろの湯が熱くて**ガマン**できない。

㉖ 一家の**セイケイ**を支える。

㉗ **サクサン**のつんとしたにおいがする。

解答 別冊 5ページ

1回目 /57

2回目 /57

2 次の——線の漢字の読み方を書きなさい。

❶ 料理の腕に**磨**きをかける。（　）

❷ それは的を**射**た意見だ。（　）
（「的を射た」で、要点をつかんでいるということ）

❸ 人形を**操**って演劇をする。（　）

❹ 患者が危篤状態に**陥**る。（　）
（よくない状態になる）

❺ **器**に料理を盛りつけた。（　）

❻ キャンプでテントを**張**った。（　）

❼ 話を**遮**ってはいけないよ。（　）

❽ 山頂からの**景色**がすばらしい。（　）

❾ 新しいクラスにすぐ**溶**け込んだ。（　）

❿ もう一度その方法を**試**みた。（　）

⓫ 古着を友達に**譲**る。（　）

⓬ 庭の**片隅**に朝顔を植える。（　）

⓭ ドラマが**佳境**を迎える。（　）
（おもしろいところ）

⓮ 長年の恩に**報**いる。（　）
（受けた物ごとに対してお返しをする）

⓯ この茶室は**趣**がある。（　）

3 次の——線のカタカナを漢字に直しなさい。

❶ 朝早く目が**サ**める。（　）

❷ 熱かったお茶が**サ**めた。（　）

❸ 大きな災害に**ソナ**える。（　）

❹ お墓に花を**ソナ**える。（　）

❺ 遠くに富士山を**ノゾ**む。（　）

❻ 海に**ノゾ**むホテルに宿泊する。（　）

❼ 父が始めた魚屋を**ツ**ぐ。（　）

❽ 日本国民に**ツ**ぐ。（　）

❾ アメリカに**ツ**ぐ大国だ。（　）

❿ きめ細かいサービスに**ツト**める。（　）
（一生懸命に励む）

⓫ 鉄道会社に**ツト**める。（　）
（組織や会社などで報酬をもらって働く）

⓬ 会議で議長を**ツト**める。（　）
（何かの役目をする）

⓭ 川を下るという危険を**オカ**す。（　）

⓮ ついあやまちを**オカ**す。（　）

⓯ 他人の領域を**オカ**す。（　）

解答▶別冊6ページ

1回目 /57
2回目 /57

1 次の――線のカタカナを漢字に直しなさい。

❶ あらゆる分野を**モウラ**している。（残らず取り入れること）（　　）
❷ 人目を**サ**けて暮らす。（　　）
❸ 背中に何か**ショウゲキ**を受けた。（強い殴打。動揺するような刺激）（　　）
❹ この犬は**ジュンスイ**な秋田犬だ。（　　）
❺ 定義と**ガイネン**は違うものだ。（人々に共通した、事物に関する認識）（　　）
❻ **キビ**しい練習を続ける。（　　）
❼ 白紙の答案を適当に**ウ**める。（　　）
❽ 雷は電気による**ゲンショウ**だ。（　　）
❾ 彼の意見に**イギ**を唱える。（　　）
❿ 国家の**ハンエイ**を祈る。（　　）
⓫ 相手の**イト**を見抜いて先回りする。（　　）
⓬ この戦いで**ジントウ**指揮を執る。（　　）
⓭ 見たいテレビ番組を**ロクガ**する。（　　）

⓮ 思い出がある海の**ミサキ**を巡った。（　　）
⓯ 貴重な時間を**サ**いて会っていただく。（　　）
⓰ 寒い冬の朝に**シモバシラ**が立つ。（　　）
⓱ 知力と体力を**アワ**せ持っている。（　　）
⓲ 大きな船が数**セキ**港に停泊している。（船を数えるときの単位）（　　）
⓳ 液体の表面に**ユマク**ができる。（　　）
⓴ **シンケン**なまなざしでこちらを見る。（　　）
㉑ その部分の論理が**ムジュン**している。（　　）
㉒ お互いに手を**ニギ**り合った。（　　）
㉓ がっかりしている友人を**ハゲ**ます。（　　）
㉔ この池の水は**ス**んでいる。（対義語は「濁る」）（　　）
㉕ 山からの**ナガ**めがとてもいい。（　　）
㉖ 彼の演説に**カンメイ**を受ける。（深く心にとどまって忘れないこと）（　　）
㉗ 新しい製品の**メイショウ**を決める。（　　）

2 次の——線の漢字の読み方を書きなさい。

❶ ラッシュアワーの**渋滞**にかかる。（　　）

❷ パンが大きく**膨**らんだ。（　　）

❸ このうえない**恥辱**を受ける。（　　）

❹ かんなで木材を**削**った。（　　）

❺ 彼は仕事に**魂**を打ち込んでいる。（　　）
↳気力。心

❻ 住民の要望はついに**許諾**された。（　　）

❼ 起こったことを**逐一**報告する。（　　）
↳ひとつひとつ。いちいち

❽ 今日の**懇親**会には出られない。（　　）

❾ 船にはぶ厚い**甲板**が施してある。（　　）

❿ 連絡がとれず、**途方**に暮れる。（　　）

⓫ うちの子を**諭**してください。（　　）

⓬ 開会式で国歌を**斉唱**する。（　　）
↳大勢で声を合わせて歌うこと

⓭ 火山の**噴煙**が大きく広がった。（　　）

⓮ 自分の知識を**駆使**する。（　　）
↳思うままに自由に扱うこと

⓯ **詳**しい説明は明日にします。（　　）

3 次の——線のカタカナを漢字に直しなさい。

❶ 画用紙が簡単に**ヤブ**れた。（　　）

❷ ぼくは彼に試合で**ヤブ**れた。（　　）

❸ 青春時代を**カエリ**みる。（　　）
↳過ぎたことを客観的に振り返る

❹ 自らの行いを**カエリ**みる。（　　）
↳してきたことの善し悪しを考える

❺ お世話になった人を**タズ**ねる。（　　）

❻ 郵便局への道を人に**タズ**ねる。（　　）

❼ 驚いたのか彼は**カタ**い表情をした。（　　）

❽ このチームの守りは**カタ**い。（　　）

❾ 海外に行くという決意は**カタ**い。（　　）

❿ その商品を買い**シ**める。（　　）

⓫ 夜十二時に店を**シ**める。（　　）

⓬ ずれないように帯をきつく**シ**める。（　　）

⓭ むずかしい学問を**オサ**める。（　　）
↳行動などを整える。身につける

⓮ よい結果を**オサ**める。（　　）
↳手に入れる。よい結果を得る

⓯ たまっていた税金を**オサ**める。（　　）

12 漢字の読み・書き、類義語・対義語 ①

解答 ▶ 別冊6ページ

1回目 /66
2回目 /66

1 次の――線のカタカナを漢字に直しなさい。

❶ **ヨウイ**には理解できない。
（類義語は「簡単」）

❷ ぼくと父の性格は**タイショウ**的だ。

❸ 博士**カテイ**に進学する。

❹ 新入生の**カンゲイ**会に出席した。

❺ 芸に**エンジュク**味が加わる。

❻ **キョクタン**な意見を言う。
（ふつうの常識から離れている様子）

❼ 逆転の**キカイ**を逃す。

❽ 生徒の性格を**ハアク**する。

❾ 彼女の**トクチョウ**は背が高いことだ。
（とくに目立つところ）

❿ 自信を**ソウシツ**する。

⓫ 野球を見ていて**コウフン**した。

⓬ **キミョウ**な体験をする。

⓭ 海難事故に**ソウグウ**する。

⓮ 美術館で絵画を**カンショウ**する。
（芸術作品を味わい理解すること）

⓯ **ショウドウ**買いをする。

⓰ 国際ビジネスを**テンカイ**する企業。

⓱ 将来は**ボウケン**の旅に出たい。

⓲ 体重が増える**ケイコウ**にある。

⓳ 簡単に**ダキョウ**できない。
（意見のちがいを乗り越えて歩み寄ること）

⓴ 業務に**シショウ**をきたす。

㉑ **ケンチョ**に効果が見られる。

㉒ アメリカにしばらく**タイザイ**する。

㉓ 毎日の入場者数の**トウケイ**をとる。

㉔ 地震が起こって家が**ホウカイ**した。

㉕ 野球は**アットウ**的に日本が強い。

㉖ あの子の**ジマン**は歌がうまいことだ。

㉗ 笑いは福を**マネ**く。

2 次の――線の漢字の読み方を書きなさい。

❶ その説明に**納得**した。〔　　〕
❷ 健康を**維持**するために、運動する。〔　　〕
❸ あの人は**素朴**な性格だ。〔　　〕
❹ たったひと言が**波紋**を広げた。〔　　〕
❺ 客の出入りが**頻繁**な店だ。〔　　〕
❻ 病気を**克服**して職場に復帰する。〔　　〕
❼ **巧**（上手である）みなピッチングに舌を巻く。〔　　〕
❽ 悲しい最期を**遂**げた武将の物語。〔　　〕
❾ テストの解答を**慎重**に書く。〔　　〕
❿ **翻訳**（外国語などを理解できる言葉に直すこと）されたアメリカの小説を読んだ。〔　　〕
⓫ 贈り物は**丁寧**に取り扱われた。〔　　〕
⓬ 熱がないか、**額**（音読みは「ガク」）に手をあてた。〔　　〕
⓭ 新聞には読者の意見が**掲載**される。〔　　〕
⓮ 家業を継ぐことを**強**いられる。〔　　〕
⓯ **既成**事実と見なされる。〔　　〕

3 次の言葉の類義語を書きなさい。

❶ 賛成＝〔　　〕
❷ 風習＝〔　　〕
❸ 冷静＝〔　　〕
❹ 案外＝〔　　〕
❺ 成就（成し遂げること）＝〔　　〕
❻ 任務＝〔　　〕
❼ 原料＝〔　　〕
❽ 突然＝〔　　〕
❾ 光栄＝〔　　〕
❿ 割愛（はぶくこと）＝〔　　〕
⓫ 出版＝〔　　〕
⓬ 効用＝〔　　〕

4 次の言葉の対義語を書きなさい。

❶ 利益↕〔　　〕
❷ 削減↕〔　　〕
❸ 人工↕〔　　〕
❹ 反抗↕〔　　〕
❺ 理性↕〔　　〕
❻ 積極↕〔　　〕
❼ 偶然↕〔　　〕
❽ 安全↕〔　　〕
❾ 形式↕〔　　〕
❿ 単純↕〔　　〕
⓫ 延長↕〔　　〕
⓬ 保守↕〔　　〕

13 漢字の読み・書き、類義語・対義語②

解答→別冊7ページ

1回目 /66

2回目 /66

1 次の――線のカタカナを漢字に直しなさい。

❶ 空が厚い雲で**オオ**われている。（　　）
❷ **キオク**力には自信がある。（　　）
❸ この事件には**ショウコ**が少ない。（　　）
❹ 名人に**ヒッテキ**する力を持っている。（　　）
　（ヒッテキ：相手とちょうど同じくらいの力であること）
❺ 世の中の**フウチョウ**に逆らう。（　　）
❻ 昨夜、**キョクチ**的な大雨があった。（　　）
　（キョクチ：せまい範囲の地域）
❼ 市内の**ボウショ**に、泥棒が入った。（　　）
❽ **センケン**隊として現場に行く。（　　）
❾ テストの**テンサク**を任される。（　　）
❿ 職権を**ランヨウ**をしてはならない。（　　）
　（ランヨウ：範囲を超えて適用すること）
⓫ 大きな**ダツゼイ**事件が起こった。（　　）
⓬ 今日も**イゼン**として雨が降っている。（　　）
⓭ 新たな**コウミャク**を掘り当てた。（　　）
⓮ 強い好奇心に**カ**られる。（　　）
⓯ 事件の**リンカク**が明らかになる。（　　）
　（リンカク：大すじ）
⓰ 登山隊は頂上に**トウタツ**した。（　　）
⓱ 売上が**ヒヤク**的に伸びる。（　　）
⓲ 日本人としての**ホコ**りを持つ。（　　）
⓳ 人は必ずなんらかの**コンナン**に出会う。（　　）
⓴ 相手の感情を**シゲキ**した。（　　）
　（シゲキ：興奮させ、反応を起こさせること）
㉑ 理論と**ジッセン**は全然違う。（　　）
　（ジッセン：類義語は「実行」）
㉒ 床にじゅうたんを**シ**きつめる。（　　）
㉓ いろいろな**モヨウ**の布を買う。（　　）
㉔ 自然の**オンケイ**をたっぷり受ける。（　　）
㉕ 外国の王様を日本に**ム力**える。（　　）
㉖ エレベーターのボタンを**オ**す。（　　）
㉗ 海に無人のボートが**タダヨ**っている。（　　）

2 次の——線の漢字の読み方を書きなさい。

❶ 他人の進言をすべて**排斥**する。 〔　　〕
（類義語は「排除」「除去」）

❷ 彼は**専ら**スポーツを観戦している。 〔　　〕

❸ 庭は**木立**に囲まれている。 〔　　〕

❹ 腰を**据え**て話を聞く。 〔　　〕

❺ 浜辺に**穏**やかな波が寄せている。 〔　　〕

❻ 問題の**有無**を調べる。 〔　　〕

❼ **米寿**のお祝いに赤飯を炊く。 〔　　〕
（八十八歳）

❽ 日本で**唯一**、九秒台で走った。 〔　　〕

❾ 努力に**伴**って学力も伸びる。 〔　　〕

❿ 予算の**枠内**で研究を進める。 〔　　〕

⓫ 悪い予感が**脳裏**をかすめた。 〔　　〕
（「脳裏をかすめる」＝「脳裏に浮かぶ」で、頭をよぎること）

⓬ 大工さんが**雨漏**りを修理してくれた。 〔　　〕

⓭ 理科で**顕微鏡**の使い方を学習した。 〔　　〕

⓮ 手紙を**棚**の上に置く。 〔　　〕

⓯ 動物**愛護**団体に入る。 〔　　〕

---

3 次の言葉の類義語を書きなさい。

❶ 不安＝〔　　〕

❷ 倹約＝〔　　〕

❸ 円満＝〔　　〕
（性格が穏やかなこと）

❹ 地味＝〔　　〕

❺ 介抱＝〔　　〕
（具合の悪い人の世話をすること）

❻ 失敗＝〔　　〕

❼ 用意＝〔　　〕

❽ 手段＝〔　　〕

❾ 欠点＝〔　　〕

❿ 消息＝〔　　〕

⓫ 原因＝〔　　〕

⓬ 着想＝〔　　〕

4 次の言葉の対義語を書きなさい。

❶ 消滅↕〔　　〕

❷ 拡大↕〔　　〕

❸ 原告↕〔　　〕

❹ 客観↕〔　　〕

❺ 生産↕〔　　〕

❻ 架空↕〔　　〕

❼ 具体↕〔　　〕

❽ 一般↕〔　　〕
（広く認められ、成り立つこと）

❾ 模倣↕〔　　〕

❿ 現実↕〔　　〕

⓫ 義務↕〔　　〕

⓬ 抑制↕〔　　〕
（おさえとめること）

解答▶別冊7ページ

1回目 /57
2回目 /57

1 次の――線のカタカナを漢字に直しなさい。

❶ 大陸から**ジュキョウ**が日本に伝わった。（　　）
❷ 打ち上げた衛星が**キドウ**に乗る。（　　）
　→動いていく決まった道すじ
❸ 才能の**メ**を伸ばしていく。（　　）
❹ 薬品の**ブンセキ**をしている。（　　）
❺ 制服は**タイヨ**されるので安心だ。（　　）
❻ **ハイク**をひねるのはむずかしい。（　　）
❼ 彼は町の発展に大いに**コウケン**した。（　　）
❽ **フヘン**的に認められた法則を学ぶ。（　　）
　→すべての対象に共通であること
❾ 彼は**ヒタイ**に傷を負った。（　　）
❿ ここで働くのが**ゼンテイ**だ。（　　）
　→あることが成り立つための条件
⓫ 彼の思いは若者に**タク**された。（　　）
　→人にたのんで任せる
⓬ **コドク**な生活をする老人が増えている。（　　）
⓭ 彼は外国人に**ヘンケン**があるようだ。（　　）

⓮ 完全な理論を**コウチク**する。（　　）
⓯ **イコ**いのひとときを過ごす。（　　）
⓰ あの国の強さに**キョウイ**を感じる。（　　）
　→おびやかすこと
⓱ やめる**カクゴ**で社長に訴える。（　　）
⓲ この川の**オセン**はかなり改善された。（　　）
⓳ 他人にあまり**カンショウ**しない。（　　）
　→他人のことに立ち入ること
⓴ 乾電池を**ヘイレツ**につなぐ。（　　）
㉑ 入学式で**コッキ**を掲げた。（　　）
㉒ 東京大阪間の**キョリ**と同じくらいだ。（　　）
㉓ 今度の休みに**オキナワ**を旅行する。（　　）
㉔ 暖かくなったので**コロモガ**えをする。（　　）
㉕ **ザンジ**休息をとる。（　　）
　→しばらくの間
㉖ 今日も世界記録が**コウシン**された。（　　）
㉗ 青の絵の具で空の色を**ヌ**る。（　　）

2 次の――線の漢字の読み方を書きなさい。

❶ ぬれた服を日にあてて**乾**かす。
❷ 優勝という**栄冠**を勝ち取る。
❸ 灯油が**乏**しくなってきた。
❹ 空気**清浄**機で花粉を除去する。
❺ **類推**したらわかることだ。（一方の似たような事象から、他方のありさまをおしはかること）
❻ 危ないので、柵を**設**ける。
❼ そこに**因果**関係があるのか調べる。
❽ 神社の**境内**で子どもが遊ぶ。
❾ 意思の**疎通**をはかる。（妨げられずに通じ合うこと）
❿ その家族は**離散**した。
⓫ 豊かな生活を**享受**する。
⓬ **嫌**な仕事から先に片付ける。
⓭ **為替**相場で円が高くなる。（自国の通貨と他国の通貨との交換比率）
⓮ 新しい**卸**売市場ができた。
⓯ 走ってきたので、のどが**渇**いた。

3 次の□に漢字を補って、慣用句・ことわざを完成させなさい。

❶ 友人に注意されて□が痛い。（自分の弱みを突くので聞くことがつらい）
❷ 妹が優勝して□が高い。
❸ 父は知人が多く□が広い。
❹ 彼は力が強くて□が立たない。
❺ 彼を出し抜いて□を明かした。
❻ 宿題が終わって□の荷が下りた。
❼ あいつのわがままは□に余る。
❽ 今回の旅行は□が出た。（予定より多くのお金を使う）
❾ その方策は二階から□□だ。
❿ きれいな着物を着て馬子にも□□だ。
⓫ 結果も出ないのに取らぬ狸《たぬき》の□□□だ。
⓬ 弘法□を選ばずで、道具より技だ。
⓭ 彼に何を言っても□の耳に念仏だ。（意見しても効果がないこと）
⓮ 外国では、□に入っては□に従えだ。（その土地に行ったら、その土地の慣習に従うべきだ）
⓯ けがの□□で、かえってうまくいった。

解答 ▶ 別冊8ページ

1回目 /57
2回目 /57

1 次の――線のカタカナを漢字に直しなさい。

❶ 友達のことが**ノウリ**に浮かんだ。（　　）
❷ 勝手なことをすると**チツジョ**が乱れる。（　　）
（物事のすじ道。社会が整うためのきまり）
❸ 夏の夜に**ホタル**の光を観賞する。（　　）
❹ 今月は**シュクサイジツ**がない。（　　）
❺ 午前中は頭の痛みに**タ**えていた。（　　）
❻ 先生に随筆の**ゲンコウ**を書いてもらう。（　　）
（印刷や口頭発表のための下書き）
❼ 今ごろ**コウカイ**しても遅い。（　　）
❽ 実験は成功を**オサ**めた。（　　）
❾ 京都には**アマデラ**が多くある。（　　）
❿ 大地が雨で**ウルオ**った。（　　）
⓫ **インショウ**と違って彼は優しい。（　　）
（見たり聞いたりして、心に残った感じ）
⓬ 水不足が一段と**シンコク**になった。（　　）
⓭ 冬は火事を**ケイカイ**して夜回りをする。（　　）

⓮ 国民は法律を守る義務を**オ**う。（　　）
（引き受ける。身にかかってくる）
⓯ **ショウボウショ**に通報する。（　　）
⓰ 子どもの旅行の無事を**イノ**る。（　　）
⓱ 非常に高いビルを摩天**ロウ**という。（　　）
⓲ さっそうと競走馬に**キジョウ**する。（　　）
⓳ 大学に**セキ**を残したまま休学する。（　　）
⓴ 犯人に向かって**ドゴウ**が飛び交った。（　　）
㉑ 土地の**バイバイ**契約を交わす。（　　）
㉒ 日本は**セイオウ**文化を取り入れた。（　　）
（ヨーロッパの西部の国々）
㉓ 将来に備えて資本を**チクセキ**する。（　　）
㉔ 彼は才能を**カク**している。（　　）
㉕ 彼を**ケンメイ**に説得した。（　　）
㉖ 彼のおしゃべりの長さに**ヘイコウ**した。（　　）
（ひどく困ること）
㉗ 人間は自然環境を**ハカイ**してきた。（　　）

2 次の――線の漢字の読み方を書きなさい。

❶ 流れる汗を**拭**う。（　）
❷ あの先生は**優**れた外科医だ。（　）
❸ 所得税の**申告**をする。（　）
❹ 京都には**銘菓**を出す店が多い。（　）
特別の名前をつけた由緒ある菓子
❺ 話に**脈絡**がないのでわかりにくい。（　）
筋道。つながり
❻ 蛍光灯は電極から電子を**放**っている。（　）
❼ 探偵には**洞察**力が必要だ。（　）
物事を見通すこと、見抜くこと
❽ 南極では隊員が**越冬**している。（　）
❾ すべての分野を**網羅**している。（　）
❿ くぎに引っかけて服が**裂**けた。（　）
⓫ そんなに自分を**卑下**しなくてもよい。（　）
へりくだること
⓬ 成人式では**分別**のある行動をしよう。（　）
⓭ 誕生日に**花束**をもらった。（　）
⓮ 外国には**飢餓**で苦しむ人たちがいる。（　）
⓯ 彼がそうしたのは**妥当**な判断だ。（　）

3 次の□に漢字を補って、慣用句・ことわざを完成させなさい。

❶ 事業成功のためには、背に□は代えられない。（　）
大事のためには多少の損害はやむを得ない
❷ 彼の発言は□に衣を着せない。（　）
❸ 別荘は高嶺《たかね》の□とあきらめる。（　）
❹ また□を売っているようだ。（　）
業務や義務を怠って無駄話をする
❺ 彼は□が立つので、いい文章を書く。（　）
❻ 道に迷って歩き回り、□が棒になる。（　）
❼ 彼が強いので、とうとう□を上げた。（　）
❽ これがあれば□に金棒だ。（　）
❾ □□をたたいて渡るほど慎重な人だ。（　）
❿ 彼が漁夫の□を得て、もうかった。（　）
⓫ 去るときは、立つ鳥□を濁さずだ。（　）
⓬ □□は寝て待てというから騒ぐな。（　）
運は人の力ではどうにもならないから焦らず時機を待て
⓭ 寸暇を□しんで仕事に打ちこむ。（　）
⓮ あいつはのれんに□押しで手応えがない。（　）
⓯ 知らぬが□だから、だまっていよう。（　）

解答 別冊8ページ

1回目 /52

2回目 /52

1 次の――線のカタカナを漢字に直しなさい。

❶ 毎日、書類のショリに明け暮れる。

❷ 彼はジョウダンを言うのが好きだ。

❸ 英語の小説のホンヤクを引き受ける。

❹ 小鳥をかごの中でカっている。

❺ 水不足で水の使用量をヨクセイする。（おさえとめること）

❻ 彼女は三か国語をアヤツる。

❼ ヨットが海の上でユれている。

❽ 他人にメイワクをかけてはいけない。（いやな目にあうこと）

❾ 人にはケンキョな態度が好まれる。

❿ 温室で野菜をサイバイする。

⓫ 担任の考え方が生徒にシントウする。（しだいに広まること）

⓬ 血液は体内をジュンカンしている。（一回りして元に戻り、それをくり返すこと）

⓭ 港のサンバシに船を着ける。

⓮ 大統領が国の独立をセンゲンした。

⓯ 日本酒のジョウゾウ工場がある。（発酵作用を利用して食品や酒などをつくること）

⓰ トウがらしを効かせた料理が好きだ。

⓱ キヌイトを使って布を織った。

⓲ 弁当と水筒をケイタイしていく。

⓳ 彼の権力欲はアくことを知らない。

⓴ けがをしたのでチリョウを受けた。

㉑ 民主主義をコンテイから覆す。（土台。よりどころとなっているところ）

㉒ 雪がどんどん降りツもっていく。

㉓ 何回も同じ練習をクり返す。

㉔ クラブ活動のカンユウが始まった。（さそい入れること）

㉕ 数学のキソを固める。

㉖ 父は物理学のキョウジュだ。

㉗ 目のシュジュツを受けた。

2 次の——線の漢字の読み方を書きなさい。

❶ 教科書に短歌が**載**っている。（　　）
❷ ペットにえさを**与**える。（　　）
❸ 僧侶は毎日**精進**している。（　　）
身を清め、行いを慎むこと
❹ じっくりと**策略**を練ってきた。（　　）
❺ うまいやり方を知恵を**絞**って考えた。（　　）
❻ 図書館で郷土の資料を**閲覧**する。（　　）
❼ 恐ろしい**形相**でこっちを見た。（　　）
類義語は「表情」
❽ お**土産**にせんべいを買って帰ろう。（　　）
❾ 地方の**豪族**が反乱を起こした。（　　）
❿ 難民の行く末を**憂**える。（　　）
⓫ やっと国会は条約を**批准**した。（　　）
条約の最終的な確認、確定的な同意
⓬ 状況を**勘案**して対処する。（　　）
考えること
⓭ 毎月**頒布**される冊子を読む。（　　）
配って行き渡らせること
⓮ **貨幣**の価値は時によって上下する。（　　）
⓯ 建物内での**撮影**は禁止されている。（　　）

3 次の□に漢字を補って四字熟語を完成させ、その読み方も書きなさい。

❶ 新学年で**心□一転**、がんばろう。（　　・　　）
❷ **千□一遇**のチャンスを逃してしまった。（　　・　　）
滅多にないこと
❸ **以心□心**の仲だから何を考えているのかわかる。（　　・　　）
言葉を使わなくても伝わること
❹ 人との出会いは**一□一会**と思うのがよい。（　　・　　）
❺ 果物といっても**千差□別**だ。（　　・　　）
❻ だれが何を言っても彼は**□耳東風**である。（　　・　　）
❼ 医療の技術は**日□月歩**だ。（　　・　　）
❽ 夜の遅くまで**粉骨□身**に働く。（　　・　　）
❾ 信じられなくなって**疑心暗□**に陥る。（　　・　　）
❿ 議論相手に**□刀直入**に意見を言う。（　　・　　）

1 次の——線のカタカナを漢字に直しなさい。

❶ 我が家はジョケイ家族だ。

❷ 心臓イショクの手術を受ける。
体の健康な組織の一部を、他の部分や他人の体に移しかえること

❸ さわやかな秋が終わるのをオしんだ。

❹ 誕生日に花をオクった。

❺ 壁に有名な絵画をカザる。

❻ 自信カジョウになると失敗する。
多すぎること

❼ 優勝して全員がカンキの声を上げた。

❽ 冬になったら空気がカンソウする。

❾ 演劇のキカクに参加する。
類義語は「計画」

❿ 近くのヨウチ園に通う。

⓫ 日中はシガイセンが強い。

⓬ アエンと銅を使って電池をつくる。

⓭ 詩のロウドクは難しい。

⓮ 飼っているニュウギュウを草原に放つ。

⓯ 厳しい規制がカンワされた。
厳しさや激しさの程度を小さくすること

⓰ 調理中はカンキセンを回そう。

⓱ 混じっている不純物をハイジョする。

⓲ 見知らぬ土地をカイタクしに行く。

⓳ 原油を中東の国にイソンしている。
他のものに頼って、それで成り立っていること

⓴ ムナサワぎを感じて急いで家に帰る。
確定的な根拠はないが、何となく不安を感じること

㉑ きみの食欲はモウレツだな。

㉒ その話を聞いてユカイな気分になった。

㉓ 高校に合格してウチョウテンになる。

㉔ 自動車が壁にセッショクした。

㉕ 病気とイツワって学校を休む。

㉖ 毎日の予習と復習を自分にカす。

㉗ お礼もカねて、彼を訪問しよう。

解答 別冊9ページ

1回目 /52

2回目 /52

2 次の——線の漢字の読み方を書きなさい。

❶ **滑**らかな斜面をすべる。

❷ 法律は**遵守**しなければならない。
↳きまり事に背かないこと

❸ 法律の不備を**是正**する必要がある。
↳誤りを正すこと

❹ この柿もそろそろ**熟**れるころだ。

❺ 失敗の原因をしっかり**探**ろう。

❻ 忙しくて手伝う**余裕**はない。
↳ゆとり

❼ これはたいした**代物**だ。

❽ **田舎**に帰ったとき、魚釣りをした。

❾ 湖のまわりに**静寂**が訪れた。

❿ ジュースがコップの**縁**からこぼれる。

⓫ 才能が長い間**埋没**していた。

⓬ 人の物を**横領**して捕まった。

⓭ 見るに**堪**えない悲惨さだ。
↳我慢できない

⓮ ピンチを**悠然**と乗り切る。
↳落ち着いている様子

⓯ 母は台所で夕食の**支度**をしている。

3 次の□に漢字を補って四字熟語を完成させ、その読み方も書きなさい。

❶ チームが**一心□体**となって戦う。

❷ 彼の性格は**□方美人**だ。

❸ 人の生き方は**□人十色**だ。

❹ **危機一□**のところで難を逃れる。

❺ **絶□絶命**のところを助かった。
↳逃れようのない困難な立場

❻ あの男は**□千山千**でとらえどころがない。

❼ 自分でやったことだから**自□自得**だ。

❽ 人ごみの中で**右□左往**する。

❾ **意味□長**な笑みを浮かべる。
↳意味に含みがあって複雑なこと

❿ **無我□中**で、追いかけてくる犬から逃げた。

18 漢字の読み・書き、送りがなのある漢字の書き ⑤

解答 ▶ 別冊9ページ

1回目 /57

2回目 /57

1 次の――線のカタカナを漢字に直しなさい。

❶ 鬼のような**グンソウ**が兵隊に命令した。（　　）
軍隊の階級

❷ この絵は**ホンポウ**初公開だ。（　　）
わが国。この国

❸ あの二人は**ケンエン**の仲だ。（　　）

❹ 有名な歌を刻んだ**キネンヒ**が建てられた。（　　）

❺ 歌手になる夢を**イダ**いていた。（　　）

❻ 習字用の**ボクジュウ**を買う。（　　）

❼ 荷物の**コスウ**を数えてください。（　　）

❽ 優秀な成績を**ヒョウショウ**される。（　　）
善行や功績をたたえて、人々に明らかにすること

❾ 雨がやむまで軒先で立ち**ツ**くしていた。（　　）

❿ 地震が収まるまで物陰で身を**ヒソ**める。（　　）

⓫ 彼の勝利は**ヒッシ**だ。（　　）
そうなることが決まっているということ

⓬ **キュウデン**の中は豪華なつくりだ。（　　）

⓭ 机の**スミ**にペン立てを置く。（　　）

⓮ 近くの公園で**ボンオド**りをやっている。（　　）

⓯ 考え直す**ヨチ**はない。（　　）
ゆとり

⓰ この肥料が野菜の生長を**ソクシン**する。（　　）

⓱ 返答に困って**ダマ**り込む。（　　）

⓲ 茶を**ツ**む時期になってきた。（　　）

⓳ 建物に重大な**ケッカン**が見つかる。（　　）

⓴ 家の近くの公園を**サンサク**する。（　　）

㉑ 電力の**キョウキュウ**が追いつかない。（　　）

㉒ この式が答えを**ミチビ**く。（　　）

㉓ 悲惨な**キョウグウ**を脱する。（　　）
社会で自分が置かれた状態や立場。身の上

㉔ 遊ぶ時間を**ケズ**って勉強する。（　　）

㉕ 各国が**キョウチョウ**して動く。（　　）
互いが譲り合って、力を合わせること

㉖ 先生の話に耳を**カタム**ける。（　　）

㉗ いろいろな**セイトウ**が選挙に出る。（　　）

2 次の――線の漢字の読み方を書きなさい。

❶ **微妙**な違いがわかる。（　　）

❷ 秋になって稲の**収穫**が始まる。（　　）

❸ きみの説明は**漠然**としているね。（　　）
（はっきりしない様子）

❹ 彼の意見はちょっと**極端**すぎる。（　　）

❺ 事故の原因を**分析**する。（　　）
（細かくいくつかに分けて調べること）

❻ シュートが決まって**興奮**した。（　　）

❼ **奇妙**な出来事の話を集めている。（　　）

❽ 家の庭でミニトマトを**栽培**する。（　　）

❾ 音楽の**鑑賞**は心の肥やしだ。（　　）

❿ 軽やかな**旋律**の曲が流れる。（　　）

⓫ 知識を**蓄積**しておきなさい。（　　）

⓬ **端的**に言えば、これは好きじゃない。（　　）
（てっとり早く核心にふれる様子）

⓭ 世間の**風潮**を気にしてはならない。（　　）

⓮ その説明には何の**根拠**もない。（　　）

⓯ 都市の**基盤**を整備する。（　　）

3 次の――線のカタカナを、漢字と送りがなで書きなさい。

❶ **スコヤカ**な成長を願う。（　　）
（元気な様子）

❷ 約束した内容を**タシカメル**。（　　）

❸ **モッパラ**釣りばかりの毎日だ。（　　）

❹ このチームの**イキオイ**が止まらない。（　　）

❺ 時代の流れに**サカラウ**。（　　）
（対義語は「従う」）

❻ 十冊の本を**アラワス**。（　　）
（書物を書いて世に出す）

❼ 彼はいつも**スルドイ**意見を言う。（　　）

❽ ゆったりして**ココロヨイ**音楽を聴く。（　　）

❾ 線路の付近で遊ぶのは**アブナイ**。（　　）

❿ 先生のお宅でお茶を**イタダク**。（　　）

⓫ 公の場で暴言は**ツツシム**べきだ。（　　）

⓬ 祖先を**ウヤマウ**ことは大事だ。（　　）

⓭ お客様から注文を**ウケタマワル**。（　　）
（「受ける」「聞く」などの謙譲語）

⓮ 跡取りはまだ**オサナイ**子どもだ。（　　）

⓯ 込み入った事件を鮮やかに**サバク**。（　　）

解答▶別冊10ページ

1回目　/57

2回目　/57

1 次の――線のカタカナを漢字に直しなさい。

❶ ほとんどは**カブシキ**会社である。（　　）

❷ 準備してきたことが**トロウ**に終わる。　↳無駄になること（　　）

❸ 長い列車が**テッキョウ**を渡る。（　　）

❹ 転んで腕を**ダボク**した。（　　）

❺ 貿易で**ボウダイ**な黒字が出た。（　　）

❻ このホテルには**ゴラク**施設がある。（　　）

❼ 目が合ったので**シセン**をそらした。　↳目で見る方向（　　）

❽ 子どもたちは先生を**シタ**っている。（　　）

❾ 地球儀でインドはどこかを**サ**し示す。（　　）

❿ 空想と現実を**コンドウ**する。（　　）

⓫ 教育**シンコウ**の試案を考える。　↳さかんにすること（　　）

⓬ 理科で**ジシャク**にまつわる法則を習う。（　　）

⓭ 何か**ゴヨウ**はありますか。（　　）

⓮ 勉強の**ジャマ**をしてはいけない。（　　）

⓯ えらは魚などの呼吸**キカン**である。　↳生物体の一部で、一定の働きをする部分（　　）

⓰ 五輪の**セイカ**ランナーに選ばれる。（　　）

⓱ **テイゾク**なテレビ番組が多い。　↳対義語は「高尚」（　　）

⓲ **ケワ**しいがけを登り切る。（　　）

⓳ 教育に関する**コウエン**を頼まれた。（　　）

⓴ オスマン帝国はその後**スイタイ**した。（　　）

㉑ 最近は少し**スイミン**不足で眠い。（　　）

㉒ あの**オジ**さんは父の兄だ。（　　）

㉓ 暑くてたまらないので**ハダカ**になった。（　　）

㉔ 木の肌に**ジュエキ**がたれている。（　　）

㉕ **ツボニワ**に小さな花が咲いている。　↳建物に囲まれた中庭（　　）

㉖ **ネコジタ**なので熱いものは苦手だ。　↳熱いものが食べられない人のこと（　　）

㉗ 飛行機に乗るには**リョケン**が必要だ。（　　）

2 次の——線の漢字の読み方を書きなさい。

❶ 危険を**避**けて安全な道を行く。（　　）
❷ 父の教えに**背**いてばかりだった。（　　）
❸ あらゆる権利を**放棄**する。（　　）
　└ 放棄：捨て去ること
❹ 有名な作家の全集が**編**まれた。（　　）
❺ ここではときどき**衝突**事故が起こる。（　　）
❻ その話は少し**誇張**されている。（　　）
　└ 誇張：実際よりも大げさに表現すること
❼ その寺の名前の**由来**を尋ねる。（　　）
　└ 由来：事物のそれを起源とするところ
❽ あの先生は**厳**しいことで知られる。（　　）
❾ この小説は心理**描写**が細かい。（　　）
❿ ハンドルを**握**っているのは父だ。（　　）
⓫ 相手に対する**偏見**は捨てなさい。（　　）
　└ 偏見：公平でない見方
⓬ **該当**する住所の人は申し出るように。（　　）
　└ 該当：条件などに当てはまること
⓭ 人を**派遣**する会社に勤める。（　　）
⓮ 騒ぎに**収拾**をつけないといけない。（　　）
⓯ **繊細**な感性を持っている。（　　）

3 次の——線のカタカナを、漢字と送りがなで書きなさい。

❶ 災害時に備えて食糧を**タクワエル**。（　　）
❷ 病気のため、会長の地位を**シリゾク**。（　　）
❸ 机の上をきれいに**トトノエル**。（　　）
❹ 主将としてチームを**ヒキイル**。（　　）
　└ ヒキイル：引き連れていく。さしずする
❺ 日差しが強いので洗濯物がすぐ**カワク**。（　　）
❻ 夏休みを何もしないで**スゴス**。（　　）
❼ 先生への態度を**アラタメル**。（　　）
❽ 父の病気からの回復を**ヨロコブ**。（　　）
❾ 着地点の目測を**アヤマル**。（　　）
❿ けががなかったのは**サイワイ**だった。（　　）
⓫ この場所に**フタタビ**もどってくる。（　　）
⓬ 誠実な医療を**ココロザス**。（　　）
　└ ココロザス：目標をたて、それをやりとげようと心に決める
⓭ 雨の中、見るも**アワレ**な姿になる。（　　）
⓮ 仕事が遅くまで続くので**ツカレル**。（　　）
⓯ よく**ウレタ**スイカを食べた。（　　）

漢字の読み・書き、送りがなのある漢字の書き ⑦

解答 別冊10ページ

1回目 /57

2回目 /57

1 次の——線のカタカナを漢字に直しなさい。

❶ **ナグ**り合いのけんかになる。

❷ **リョウシツ**な小麦粉でパンをつくる。

❸ 腰を**ス**えて勉強をする。
↳「腰をスえる」で、落ち着いて一つのことに専念すること

❹ 二つの量の**サ**を求める。

❺ **ダトウ**な結論が出された。
↳よく当てはまっていること

❻ **ヤサイ**をたくさん食べるほうがよい。

❼ 自然は人間の力を**チョウエツ**している。

❽ 何かの組織の**インボウ**によるものだ。
↳人を陥れるためにひそかに行われるはかりごと

❾ 多少の**ソントク**はしかたがない。

❿ どの部署に**ゾク**しているのか不明だ。

⓫ 交通事故防止の**タイサク**を練る。

⓬ その行為の**ゼヒ**が問われた。
↳良いか悪いかのどちらかということ

⓭ 赤ちゃんが**カンダカ**い声で泣いている。

⓮ 講習会参加の**ダクヒ**を連絡する。
↳そうするかしないかということ

⓯ ジムに通って筋肉を**キタ**える。

⓰ 弁護士が会社の**セイサン**人になった。
↳貸し借りを整理して後始末をつけること

⓱ ライオンの**シイク**係になる。

⓲ 人間の目的は幸福の**ツイキュウ**だ。

⓳ 雪が積もって地面が**スベ**りやすい。

⓴ お造りに大根の千切りを**ソ**える。

㉑ 春になると**ビエン**になる人が多くなる。

㉒ 中国から**キョクゲイ**団が来ている。

㉓ 彼は**レイ**を見る能力がある。

㉔ **リュウ**が天に昇るような勢いだ。

㉕ **ゼンソウ**が精進料理を作る。

㉖ これは**ナンバン**渡来のガラス製品だ。

㉗ 明治時代、日本にも**ダンシャク**がいた。

2 次の――線の漢字の読み方を書きなさい。

❶ みんなを動かすには理由が**希薄**だ。（対義語は「濃厚」）
❷ **依然**として事態は変わらない。
❸ 次々と**斬新**なアイデアを出す。
❹ **無駄**に捨てている食料がある。
❺ 戦争の**脅威**が迫りつつある。
❻ 小さな虫が病原菌を**媒介**している。（間に立って取り持つこと）
❼ **効率**的に勉強を進める。
❽ その映画は**冒頭**から興奮する。（物語や映画の始まりの部分）
❾ **透明**なビニールで包んだ。
❿ 初春にはまだ冬の**名残**がある。
⓫ **起伏**の激しい道を歩く。
⓬ 中間テストの**範囲**を伝える。
⓭ やっとのことで目的を**完遂**した。（やり切ること）
⓮ 声を上げて注意を**喚起**する。（呼び起こすこと）
⓯ この犯罪は、執行**猶予**の余地がない。

3 次の――線のカタカナを、漢字と送りがなで書きなさい。

❶ 先祖の墓に花を**ソナエル**。
❷ **タダチニ**計画を中止すべきだ。（今すぐに）
❸ 子どもにおもちゃを**アタエル**。
❹ だれもが彼の能力を**ミトメル**。
❺ 今日は**カナラズ**宿題をしなさい。
❻ 苦い思いで自分の行いを**カエリミル**。
❼ **スミヤカニ**ここに集まりなさい。（できるだけ早く）
❽ 彼の友情に**ムクイル**。（自分が受けたことと同等のものを相手に返す）
❾ 毎朝、彼とは挨拶を**カワス**。
❿ 少しずつ水を上から**タラス**。
⓫ 土が**コエル**までには時間がかかる。
⓬ 雨の中を歩いて靴が**ヨゴレル**。
⓭ ありが砂糖に**ムラガル**。
⓮ テストの新しい方式を**ココロミル**。
⓯ 毎日の練習を**オコタル**。

21 漢字の読み・書き、同音異義語⑤

解答→別冊11ページ

1回目　/57

2回目　/57

1 次の――線のカタカナを漢字に直しなさい。

❶ 寝台急行がなくなってから**ヒサ**しい。
❷ 最新の機械を**ドウニュウ**する。
❸ 樹木が密生しているので**カンバツ**する。（木を切ってまばらにすること）
❹ 古いシャツを利用してぞうきんを**ヌ**う。
❺ **トツジョ**として彼女が現れた。
❻ 大雨で**テイボウ**が決壊した。
❼ このチーズには**ノウミツ**な風味がある。
❽ もうすぐ**ツユ**の季節がくる。
❾ 写真の**テンラン**会を見に行く。
❿ 山のふもとに家々が**テンザイ**している。
⓫ 細菌の**ハンショク**が盛んになる。
⓬ 定年になると人生の**ヒアイ**を感じる。
⓭ **ソッチョク**に意見を述べる。
⓮ 血管が詰まって血流が**トドコオ**る。
⓯ **フクシ**を充実させる法律が成立する。
⓰ 東西ベルリンは壁で**ヘダ**てられていた。
⓱ 絶望して天を**アオ**いだ。
⓲ 巻き**ジャク**で長さを測る。
⓳ 牛の**チチシボ**りを経験する。
⓴ **コウオツ**つけがたい二人の演技だ。（「コウオツつけがたい」で、優劣の差がなく、どちらがいいか決められない様子）
㉑ **ケンガイ**の場所なので通話ができない。
㉒ **カイゾク**船を取り締まる。
㉓ **カイヅカ**は遺跡の一種だ。
㉔ **コンイロ**の制服に身を包む。
㉕ あなたの個性が**マイボツ**しています。（事物が表面に出てこないこと）
㉖ 事の**ホッタン**はささいなことだった。（始まり。起こり）
㉗ 試合に負けて**ホウシン**してしまった。

2 次の――線の漢字の読み方を書きなさい。

❶ 公式を用いて答えを**導**いた。
❷ 各社の自動車を**比較**して購入した。
❸ **漆塗**りの工芸品を制作する。
❹ 彼の危機を救うために**奔走**する。
↳ あちこち駆け回ること
❺ アルバイトで生活費を**稼**ぐ。
❻ あの監督の**珠玉**の作品を見る。
↳ 美しいもの。貴いもの
❼ 幼稚園では**遊戯**の時間がある。
❽ 貴重品だから**扱**いには気をつける。
❾ 年末になると**忙**しい日が続く。
❿ 壊したお皿の代金を**償**った。
⓫ 自分の不運を**恨**んでもしかたがない。
⓬ 自分の使命を**悟**って働いた。
⓭ 傷口が**醜**くはれていた。
⓮ 彼の説明に言葉を**補**う。
⓯ **懸命**の努力がいつか実るだろう。

3 次の――線のカタカナを漢字に直しなさい。

❶ スマートフォンが**フキュウ**する。
↳ 世間に広まること
❷ **フキュウ**の名作を読む。
↳ いつまでもなくならず残ること
❸ 今日は新しい橋の**キコウ**式だ。
❹ 旅行に行って**キコウ**文を書く。
❺ **カイシン**のホームランを打つ。
❻ **カイシン**してまじめに働く。
❼ この**キカン**には観光客が多い。
❽ 蒸気**キカン**車が走ってくる。
❾ 自動車製造は国の**キカン**産業である。
↳ 物ごとの中心となるもの
❿ 他人の家に不法**シンニュウ**する。
⓫ この道は**シンニュウ**禁止だ。
⓬ ボートの中に水が**シンニュウ**する。
⓭ 合格して**カンキ**の涙を流す。
⓮ 冬になって**カンキ**が強くなる。
⓯ 料理中は**カンキ**扇を回す。

22 漢字の読み・書き、同音異義語⑥

解答▶別冊11ページ

1回目 /57

2回目 /57

1 次の――線のカタカナを漢字に直しなさい。

❶ 電車の中でお年寄りに席を**ユズ**る。（　　）

❷ スケートの技に**ミガ**きをかける。（　　）

❸ 逆らうなら**ヨウシャ**はしない。（　　）
↳許すこと。手加減すること

❹ ネコが窓のほうを**ギョウシ**している。（　　）
↳じっと見つめること

❺ 庭に生い茂った草を**カ**る。（　　）

❻ 弟は**ムチュウ**になってゲームで遊ぶ。（　　）

❼ くすのきの太い**ミキ**を切る。（　　）

❽ **レンラク**船に乗って島に行く。（　　）

❾ 君たちの努力は称賛に**アタイ**する。（　　）

❿ 自分の仕事を後輩に**イショク**する。（　　）
↳後を他人に任せること

⓫ 食事の前に手を**アラ**う。（　　）

⓬ 春は**アワ**い色がよく似合う。（　　）
↳ほんのり感じる程度である

⓭ 大事な用事を手早く**ス**ませる。（　　）

⓮ 非常に**フンイキ**のよいお店だ。（　　）

⓯ 今年の国家予算は約九十**チョウ**円だ。（　　）

⓰ 選挙の**カイヒョウ**率は十パーセントだ。（　　）

⓱ お正月には餅を**ヤ**いて食べる。（　　）

⓲ 夏の夜空を見上げて**セイザ**を観察する。（　　）

⓳ 二人の実力の差は**レキゼン**としている。（　　）
↳はっきりしている様子

⓴ 最悪の事態を**カイヒ**することができた。（　　）

㉑ この詩は**インリツ**が優れている。（　　）
↳言葉の音楽的なリズム

㉒ 彼は見事な風景を壁に**エガ**いた。（　　）

㉓ 会議はもめて**エンチョウ**された。（　　）

㉔ 転落して**ウデ**の骨を折った。（　　）

㉕ 日本では**テッコウ**業が盛んである。（　　）

㉖ 社長が打ち合わせに大阪へ**オモム**く。（　　）

㉗ 姉と**イッショ**に買い物に行く。（　　）

2 次の——線の漢字の読み方を書きなさい。

❶ ご飯を**炊**く方法を教わる。
❷ この事柄は会議に**諮**った。
❸ あなたのご意見は**承**りました。
❹ 無駄を**省**くために工夫をする。（なくす。簡略にする）
❺ 物の落ちる低く**鈍**い音がした。
❻ それは**賢**いやり方ではない。
❼ 口げんかをするのは日常**茶飯事**だ。
❽ 父の兄は**養鶏**場を経営している。
❾ **背伸**びをして高い場所の物を取る。
❿ **彫刻**の作品で優秀賞をとった。
⓫ 玄関先をほうきで**掃**く。
⓬ ひそかに反乱を**企**てる。
⓭ **謙虚**な態度をとるように心がける。（対義語は「横柄」「高慢」）
⓮ **湖畔**から白鳥が飛び立つ。
⓯ この作戦はとんだ**誤算**だった。

3 次の——線のカタカナを漢字に直しなさい。

❶ 都市開発**キコウ**の改革に奔走する。
❷ 雑誌に随筆を**キコウ**する。
❸ 参加することに**イギ**がある。（価値）
❹ 彼の主張に**イギ**を唱える。（違う意見）
❺ どうしても**キセイ**概念にこだわる。（すでに形成されて世に存在すること）
❻ わたしが着る服は全部**キセイ**品だ。（前もって商品として作られていること）
❼ その番組は**コウヒョウ**を博した。
❽ あの会社が決算を**コウヒョウ**した。
❾ その作品の**コウヒョウ**が載った。
❿ その点をどうも**フシン**に思う。
⓫ 問題の解決に**フシン**する。
⓬ ひどい目に遭って人間**フシン**に陥る。
⓭ その件はよく**ケントウ**しよう。
⓮ 全く**ケントウ**がつかない。
⓯ 君は強い相手によく**ケントウ**した。

解答 ▶ 別冊12ページ

1回目 /57

2回目 /57

1 次の――線のカタカナを漢字に直しなさい。

❶ この**クイキ**はテレビの電波が弱い。（　　）
❷ **ハグキ**をよくマッサージする。（　　）
❸ 大学の研究**トウ**を建て替える。（　　）
❹ あの子は大きな荷物を**カカ**えている。（　　）
❺ 敵の**イヒョウ**を突く作戦を立てる。（　　）
「イヒョウを突く」で、予期しないことをすること
❻ **カセン**が多くあり、水が豊富である。（　　）
❼ 店員が**イセイ**のいい声をかけてきた。（　　）
元気。いきおい
❽ 海で泳いだら肌が**カッショク**になった。（　　）
❾ 父親からの**イデン**で、絵の才能がある。（　　）
❿ **トウゲ**の茶屋で一休みする。（　　）
⓫ 刑務所には多くの**シュウジン**がいる。（　　）
⓬ 生徒に読書を**ショウレイ**する。（　　）
よいこととして、強く勧めること
⓭ 夕方光る金星を**ヨイ**の明星という。（　　）

⓮ **ネドコ**をかたづけなさい。（　　）
⓯ 君は**キョウコ**な壁を打ち破った。（　　）
⓰ 彼は社長の訪問に**キョウシュク**した。（　　）
⓱ 今夜は、**ジュク**で数学のテストがある。（　　）
⓲ 五月は**ガイロジュ**の緑が鮮やかだ。（　　）
⓳ 体が**ガンジョウ**なことは良いことだ。（　　）
⓴ 再会を**キ**して、友と別れた。（　　）
㉑ あの人と話して**キイ**な印象を受けた。（　　）
様子が普通とかなり違っていること
㉒ 宇宙ステーションから**キカン**する。（　　）
戻ってくること
㉓ 急な大雨で山が大きく**クズ**れた。（　　）
㉔ 緊急事態でも**アワ**ててはいけない。（　　）
㉕ 夏の**キュウカ**には海へ行きたい。（　　）
㉖ 病院に**キュウキュウ**車が着いた。（　　）
㉗ 道に迷って**フタタ**び出発点に来た。（　　）

2 次の——線の漢字の読み方を書きなさい。

❶ 地図を二倍に**拡大**した。（　）
❷ 子どもを**預**けて働く人が多い。（　）
❸ 無駄な出費を**抑制**する。（　）
大きくならないようにおさえること
❹ 工事について**近隣**住民に説明する。（　）
❺ 子どものいたずらを**戒**める。（　）
❻ 創造の最初は**模倣**から入る。（　）
❼ 結婚を**契機**に怠惰な生活を改めた。（　）
きっかけ
❽ 朝から**激**しい頭痛に襲われる。（　）
❾ 今回の出場は**遠慮**しておこう。（　）
他人に対して言動・行動を控えめにすること
❿ ぴんと張ったロープが**緩**む。（　）
⓫ 木陰で**憩**いのひとときを過ごす。（　）
⓬ 急流を小舟が**遡**っていく。（　）
⓭ 国語での**詩歌**の授業が楽しかった。（　）
⓮ スキー場で**雪崩**が発生した。（　）
⓯ 夜になるとぜんそくの**発作**が起こる。（　）

3 次の——線のカタカナを漢字に直しなさい。

❶ 消化**キカン**が弱っている。（　）
❷ **キカン**支炎で呼吸が苦しい。（　）
❸ **シュウカン**誌を買いに行く。（　）
❹ 早寝早起きの**シュウカン**をつける。（　）
❺ 何にでもあてはまる**フヘン**性がある。（　）
共通する性質
❻ 報道は**フヘン**不党であるべきだ。（　）
「フヘン不党」で、公正な立場をとること
❼ この暑さには**ヘイコウ**する。（　）
あきれたり困ったりすること
❽ 議論が**ヘイコウ**線をたどる。（　）
❾ **ヘイコウ**感覚が優れている。（　）
つり合いがとれていること
❿ 働き方について**コウエン**する。（　）
⓫ ある政治家の**コウエン**会に入る。（　）
⓬ 劇団の東京**コウエン**を観劇する。（　）
⓭ 他国に**カンショウ**してはいけない。（　）
⓮ 朝顔を**カンショウ**する。（　）
⓯ 月を眺めて**カンショウ**にひたる。（　）

解答→別冊12ページ

1回目 /57

2回目 /57

1 次の――線のカタカナを漢字に直しなさい。

❶ 温かいうちにお**メ**し上がりください。

❷ つきっきりで父を**カンビョウ**した。

❸ 走り続けて、のどがとても**カワ**いた。

❹ 最後まで立ち退きを**キョヒ**した。

❺ 食肉用の**カチク**を育てる。

❻ 次世代を**ニナ**う若者に手をさしのべる。

❼ **ワズラ**わしい業務から先に片付ける。（↳めんどうである）

❽ 学校の周りには**クワ**畑が広がっている。

❾ 電化製品を**リョウハン**店で買う。

❿ お金持ちの**レイジョウ**が訪ねてくる。（↳他人の娘を敬った言い方）

⓫ ノーアウト満**ルイ**でヒットを打つ。

⓬ カーテンで日光を**サエギ**る。

⓭ 彼は舌が**コ**えており、ぜいたくだ。

⓮ 不正な**コウイ**を取り締まる。

⓯ 家の自動車を息子と**コウゴ**に使う。

⓰ **コウシュウ**浴場をふつうは銭湯という。

⓱ 大雨が降ると**コウズイ**のおそれがある。

⓲ 氷の上では**マサツ**力が弱い。（↳物どうしがすれ合うこと）

⓳ 災害で**コウハイ**した町がよみがえった。（↳手入れがなされず、あれはてること）

⓴ 周囲の状況を**コウリョ**して決定した。

㉑ 血も**コオ**るような怖い思いをした。

㉒ 久しぶりに**コキョウ**に帰った。

㉓ 部活動の**コモン**の先生の意見を聞く。（↳相談を受けたり意見をしたりする役目の人）

㉔ その解釈は君の**ゴカイ**によるものだ。

㉕ 上着はハンガーに**カ**けたらいいよ。

㉖ 議案は**サンセイ**多数で可決された。

㉗ 彼は貿易で**ザイサン**を築いた。

2 次の——線の漢字の読み方を書きなさい。

❶ **甘美**な夢ばかりを追ってはいけない。（うっとりするほど快い様子）

❷ 彼は球界**屈指**の名投手と言われた。（数多くの中で際だって優れている少数の人）

❸ その商品がないとは**甚**だ残念だ。

❹ すずめや鳩は**恒温**動物である。

❺ そのアイデアは**卓越**している。（ぬきんでて優れていること）

❻ 大きな声で本を読んで**褒**められた。

❼ 包丁を毎日**研**ぐのが仕事の一部だ。

❽ 映画界であの監督は**巨匠**と呼ばれる。

❾ 工事現場の足場が**撤去**された。

❿ 隣国の戦闘機が領空を**侵**した。

⓫ これが自然の**摂理**である。（自然界を支配している法則）

⓬ 演劇の**魅力**にとりつかれる。

⓭ その意見の人が大勢を**占**めている。

⓮ おそるおそる虫に**触**れてみる。

⓯ 六月に入ると**曇天**の日が増えた。

3 次の——線のカタカナを漢字に直しなさい。

❶ 適当な例を**ア**げる。

❷ エビやなすの天ぷらを**ア**げる。

❸ 映画館のかなりの席が**ア**いている。（誰も使っていない）

❹ 大きな家の門が**ア**いている。

❺ 不調になった機械を**ナオ**す。（正しい状態に戻す）

❻ かぜをひいたので、薬で**ナオ**す。（健康な状態にする）

❼ 先生の言葉が心を**ウ**つ。

❽ 父のかたきを**ウ**つ。

❾ くまを猟銃で**ウ**つ。

❿ 毛糸が丸まって**タマ**をつくる。

⓫ あのピッチャーは速い**タマ**を投げる。

⓬ 壁にピストルの**タマ**がめりこむ。

⓭ 馬が猛烈な速さで**カ**けていった。

⓮ 命を**カ**けてこの仕事をした。

⓯ 茶わんを落として縁が**カ**けた。

25 漢字の読み・書き、同訓異字⑤

解答 別冊13ページ

1回目 /57

2回目 /57

1 次の——線のカタカナを漢字に直しなさい。

❶ 新聞社に**トクメイ**で投書した。（　　）

❷ 会社設立の届け出が**カンリョウ**した。（　　）

❸ 一人の刑事が**ジュンショク**した。（　　）
（仕事のために命を失うこと）

❹ 他人の家の**ノキシタ**で雨をしのぐ。（　　）

❺ **セツヤク**して会社の経費を抑える。（　　）

❻ そこの山道は**セマ**いので危険だ。（　　）

❼ 事故のため、道路が**ジュウタイ**する。（　　）
（自動車などが混んでなかなか進まないこと）

❽ 日曜日の運動会の**ジュンビ**をする。（　　）

❾ 彼の言うことは**シンライ**できる。（　　）

❿ 大きな波がそこまで**セマ**ってきた。（　　）

⓫ 叔母が亡くなり、**モ**に服す。（　　）

⓬ 新聞が**ス**り上がったところだ。（　　）

⓭ 何が起こったのか**スイサツ**する。（　　）

⓮ その作家の**ズイヒツ**を読む。（　　）

⓯ すぐに**シレン**の時がやってきた。（　　）

⓰ 与えられた仕事を**セイジツ**に仕上げる。（　　）

⓱ 食べ過ぎたので**ショウカ**に効く薬を飲む。（　　）
（食べたものを体内に取り入れやすく分解する作用）

⓲ **セイライ**の強気で、人生を乗り切った。（　　）

⓳ その事件は大いに**セケン**を騒がせた。（　　）

⓴ 先生に出会って**セスジ**を伸ばした。（　　）

㉑ パソコンのデータ共有を**セッテイ**する。（　　）

㉒ 北海道には**ラクノウ**家が多い。（　　）
（牛などを飼って、乳や乳製品などをつくる仕事）

㉓ 説明書の**ウラ**もよく読んでください。（　　）

㉔ ライオンは**ヒャクジュウ**の王である。（　　）

㉕ **ソウホウ**の意見を聞かねばならない。（　　）

㉖ **ロウバシン**ながら言わせていただく。（　　）
（必要以上に世話をやいたり、親切にしたがる気持ち）

㉗ レポートの文章をよく**ネ**るように。（　　）

2 次の――線の漢字の読み方を書きなさい。

❶ 文学研究を**究**めようと努力した。〔　　〕

❷ 牛肉に焼いた野菜を**添**える。〔　　〕

❸ 初秋の朝夕は**涼**しく感じられる。〔　　〕

❹ ところどころに**粗**い粒がある。〔　　〕
↳大きい。細かくない

❺ 恩師を**慕**って会いに行った。〔　　〕

❻ その人形の精巧さは**驚嘆**の的だった。〔　　〕
↳驚き感心すること

❼ 静かな寺院を一人で**訪**れた。〔　　〕

❽ 土地の区画が無**秩序**になされた。〔　　〕

❾ この時刻には父は**床**についている。〔　　〕

❿ 勇気ある行動を**称賛**する。〔　　〕
↳ほめたたえること

⓫ 市役所から**最寄**りの駅まで歩いた。〔　　〕

⓬ 体育祭の**応援**合戦が始まる。〔　　〕

⓭ 相手の強さに**畏怖**を覚える。〔　　〕
↳おそれてかしこまること

⓮ 留学した息子の**安否**を気づかう。〔　　〕

⓯ あの医者に**診**てもらうといいよ。〔　　〕

3 次の――線のカタカナを漢字に直しなさい。

❶ 荷車をみんなで**オ**した。〔　　〕

❷ 君を委員長に**オ**すことにした。〔　　〕

❸ 夜中近くに駅に**ツ**いた。〔　　〕

❹ かんでいたガムが服に**ツ**いた。〔　　〕

❺ 貴重な時間を君のために**サ**いた。〔　　〕

❻ はさみで必要なだけ布を**サ**いた。〔　　〕

❼ 害になるのでねずみを**ト**る。〔　　〕
↳とらえる

❽ さっそうと楽団の指揮を**ト**る。〔　　〕

❾ 意見を聞いた上で決を**ト**る。〔　　〕
↳賛成・反対の意思表示をして問題を決する

❿ 先輩が入部を**スス**めてきた。〔　　〕

⓫ 先生がこの本を読めと**スス**めてきた。〔　　〕

⓬ 時計の針を五分**スス**めておく。〔　　〕

⓭ 経営の合理化を**ハカ**った。〔　　〕
↳計画して実行する

⓮ むずかしい案件を会議に**ハカ**った。〔　　〕

⓯ 健康診断で体重を**ハカ**った。〔　　〕

1 次の――線のカタカナを漢字に直しなさい。

❶ 目の前のお店の人に道順を**タズ**ねた。（　　）
❷ 冬になると日が**シズ**むのが早くなる。（　　）
❸ 秋は読書に**サイテキ**な季節だ。（　　）
❹ 北海道行きの列車の**キップ**を買う。（　　）
❺ 明日の午後、そちらに**ウカガ**います。（　　）
❻ 恩師のことをずっと**ソンケイ**している。（　　）
❼ 仕事もせず、**タイダ**な生活を送る。（　　）
　タイダ：するべきことをなまけて、だらしない様子
❽ **タイボウ**の修学旅行の日が来た。（　　）
❾ 友人が私を**ナグサ**めにやって来た。（　　）
❿ 何よりも**ソシキ**の維持が大切だ。（　　）
　ソシキ：ある目的のために人が集まった集合体
⓫ 小説の**ソザイ**を求めて旅をする。（　　）
⓬ けがの**ダイショウ**に長い休みがとれた。（　　）
　ダイショウ：欠点や損失のかわりに得た利益
⓭ 研究はまだ実験の**ダンカイ**です。（　　）
⓮ 先日、**ソエン**になっていた親類が来た。（　　）
　ソエン：音信や行き来がとだえて、親しくなくなること
⓯ けんかの**チュウサイ**をした。（　　）
　チュウサイ：対立している人たちの間に入って仲を取り持つこと
⓰ 強いチャンピオンに**チョウセン**する。（　　）
⓱ 彼女は**センサイ**な心を持っている。（　　）
⓲ 宝物は、ほとんど**クラ**に入っている。（　　）
⓳ 山頂からの**ソウダイ**な眺めに感動する。（　　）
⓴ 発車を**ツ**げるベルがけたたましい。（　　）
㉑ ゴミ処理の問題について**トウロン**する。（　　）
㉒ 外国とは生活や習慣が**コト**なる。（　　）
㉓ ボールが**コ**を描いて飛んでいった。（　　）
㉔ 東京は日本の国政の**スウジク**である。（　　）
　スウジク：活動の中心となる大切な所
㉕ 日本代表はアメリカに**エンセイ**した。（　　）
㉖ この機械は**アツカ**いにくい。（　　）
㉗ 町の管**ゲンガク**団に入っている。（　　）

解答 別冊13ページ

1回目 /66

2回目 /66

2 次の――線の漢字の読み方を書きなさい。

❶ **壁掛**けの時計が二時を知らせた。（　　）

❷ 私の町には一級**河川**が流れている。（　　）

❸ **胸中**穏やかではなかった。（　　）

❹ こんなときに**冗談**を言うな。（　　）

❺ **濃淡**を強調した色使いだ。（　　）

❻ ライオンに**匹敵**する強さだ。（　　）
　└力の程度が同じくらいであること

❼ 人形に**細工**をして動くようにした。（　　）

❽ 民主主義にも**弊害**は存在する。（　　）
　└害となる悪いこと

❾ 人の道を**踏**み違えてはいけない。（　　）

❿ 着物を着たら**足袋**をはくべきだ。（　　）

⓫ 未知のことと**既知**のことを区別する。（　　）

⓬ 何を聞かれても**黙**っている。（　　）

⓭ **煩雑**な作業を人におしつける。（　　）
　└込み入っていて、わずらわしいこと

⓮ 彼女にはおもしろい**逸話**がある。（　　）
　└世間にあまり知られていないエピソード

⓯ この神社には**神主**がいない。（　　）

3 次の言葉の類義語を書きなさい。

❶ 休養＝（　　）

❷ 承認＝（　　）

❸ 永遠＝（　　）

❹ 改革＝（　　）

❺ 屋外＝（　　）

❻ 的中＝（　　）

❼ 対照＝（　　）

❽ 無礼＝（　　）

❾ 給料＝（　　）

❿ 案内＝（　　）

⓫ 遺憾＝（　　）

⓬ 臨終＝（　　）

4 次の言葉の対義語を書きなさい。

❶ 不備↔（　　）

❷ 晩成↔（　　）

❸ 統合↔（　　）

❹ 警戒↔（　　）

❺ 到着↔（　　）

❻ 先天↔（　　）
　└生まれつき

❼ 希薄↔（　　）

❽ 温暖↔（　　）

❾ 差別↔（　　）

❿ 過疎↔（　　）
　└人口が極度に少ない状態

⓫ 空虚↔（　　）

⓬ 急性↔（　　）

27 漢字の読み・書き、慣用句・ことわざ ③

1 次の――線のカタカナを漢字に直しなさい。

❶ この店は**オロシネ**で販売している。（　　）
❷ 子育てのむずかしさに**ナヤ**まされる。（　　）
❸ 大根を**ニ**た料理を食べたい。（　　）
❹ 周囲の心配など**ネントウ**になかった。 心。考え（　　）
❺ あまり**ネンレイ**のことを気にしない。（　　）
❻ 燃料が**トボ**しくなってきた。（　　）
❼ 木々の緑が夕日に**ハ**えて美しい。 てりかがやく（　　）
❽ この先に白糸の**タキ**が見られる。（　　）
❾ 金属の棒が床を**ツラヌ**いた。（　　）
❿ この料理は**バツグン**にうまい。 他よりぬきんでていること（　　）
⓫ 大きな荷物をトラックに**ノ**せる。（　　）
⓬ 事件の早期解決を**ハカ**る。（　　）
⓭ 桜の花びらを**ハ**いて集める。（　　）
⓮ ぼくの時計は**クル**っているようだ。（　　）
⓯ 冷めたみそ汁を**アタタ**める。（　　）
⓰ 父はピアノやバイオリンを**ヒ**く。（　　）
⓱ **ヨウコウロ**に火を入れる。 こう石をとかして、鉄などを取り出すための装置（　　）
⓲ **コツズイ**移植のために渡米する。（　　）
⓳ 港へ行くために**ワンガン**道路を走る。（　　）
⓴ **ブタニク**を買いにスーパーに行く。（　　）
㉑ 人生には少なからず**ニンタイ**が必要だ。 類義語は「我慢」（　　）
㉒ 読んだ本を元に**モド**しておいた。（　　）
㉓ 若者の**ヤクドウ**を感じて元気をもらう。 生き生きしていること（　　）
㉔ 大雨が降って川の水が**ニゴ**った。（　　）
㉕ 大切なノートを**フンシツ**してしまった。（　　）
㉖ 海から上がったら寒くて**フル**えた。（　　）
㉗ この店の主人は**ブアイソウ**だ。（　　）

解答 別冊 14ページ

1回目 /57

2回目 /57

2 次の――線の漢字の読み方を書きなさい。

❶ 理科で血液の**循環**について習った。
❷ この像は平和を**象徴**している。
↳それを表す具体的な物
❸ 彼の**辛辣**な意見も採り入れる。
↳非常に手厳しいこと
❹ 赤道の**緯度**は0度である。
❺ 農耕に適した**肥沃**な土地を求める。
❻ 外国の裁判には**陪審員**がいる。
❼ 少しでも**倹約**しなければならない。
❽ 決勝戦は**互角**の戦いとなった。
↳二人（二つ）の間に力の差がないこと
❾ 引き出しの中にお金を**隠**した。
❿ 天気の**概況**を教えてくれないか。
↳おおよそのありさま
⓫ この件で警察は**管轄**外である。
⓬ **襟首**をつかんで引っぱる。
⓭ 自動車産業は世界に**誇**ってよい。
⓮ 計画を実行するためにお金を**蓄**える。
⓯ 耳を**澄**まして鳥の鳴き声を聞く。

3 次の□に漢字を補って、慣用句・ことわざを完成させなさい。

❶ 寝耳に□で、ぼくも驚いている。
↳不意の出来事に驚くこと
❷ 君は柔道の□を上げたね。
❸ そうしてくれると私の□が立つよ。
↳世間体を保つ
❹ 彼とは□が置けない仲なんだよ。
↳遠慮しなくてよい
❺ 貸したお金は、□をそろえて返してほしい。
❻ □から火が出るほど恥ずかしかった。
❼ 郵便局は□と□の先だよ。
❽ それを言うと□が立つからやめよう。
❾ これだけでは焼け石に□だよ。
❿ 相談したいので、□を貸してくれないか。
⓫ 今ごろ反省しても□の祭りだよ。
⓬ 君の将棋は□□の横好きだね。
⓭ 先は長いが、□□の道も一歩からだ。
⓮ 三人寄れば□□の知恵で、良い案が出てきた。
⓯ 彼が泣くなんて□の目にも涙だね。

1 次の――線のカタカナを漢字に直しなさい。

❶ 将来は貿易関係の仕事にツきたい。（ある地位に身を置く）
❷ ご飯のタき方を教えてもらう。
❸ 国語でスグれた成績を残した。
❹ 文化祭の準備でイソガしい。
❺ 研究にかなりの労力をツイやす。
❻ パンには食塩がフクまれている。
❼ 電車の音が夜になるとよくヒビく。
❽ 社会福祉事業にホウシする。（私心を捨てて力を尽くすこと）
❾ その事件は、ホウドウされていない。（出来事を広く伝えること）
❿ 貴重品は金庫にホカンしている。
⓫ 懸命にした仕事をヒョウカされる。
⓬ 恐竜は約六千六百万年前にホロびた。
⓭ 机のマワりをきれいに片付ける。

⓮ 料理についてはまだミジュクだ。（技術などが完成されていないこと）
⓯ けがをしたあとがミニクく腫れた。
⓰ ミョウなうわさが流れている。
⓱ 常に求められるのはワカい人材だ。
⓲ この糸は綿とアサの混紡だ。
⓳ あの歌手はドウヨウも歌っている。
⓴ 休暇で海辺のシュクシャを利用する。
㉑ スープにサトウと塩を少々入れる。
㉒ 法隆寺《ほうりゅうじ》の五重のトウを見学した。
㉓ 天然コウボを使ってパン生地をつくる。
㉔ ゴムが焼けるとクサいにおいが出る。
㉕ 新車を買い、ゲップで支払う。（月々に払うこと）
㉖ 夏休みに昆虫をサイシュウする。
㉗ 参考書のサクインで用語を調べる。

解答 別冊14ページ
1回目 /57
2回目 /57

2 次の――線の漢字の読み方を書きなさい。

❶ そのことは議論に**値**しない。（　）

❷ 色とりどりの気球を**揚**げる。（　）

❸ 家の**軒下**につばめが巣を作った。（　）

❹ 他の部署から強引な**干渉**を受けた。（　）
口出しをして関わり合うこと

❺ 部屋には所**狭**しと本が散乱していた。（　）

❻ 今日から小説の**執筆**にかかった。（　）

❼ 虫めがねを使って紙に像を**映**した。（　）

❽ 行方不明になった少女を**捜索**する。（　）

❾ 時には**我慢**することも必要だ。（　）

❿ **恐縮**ですが、お名前をお願いします。（　）

⓫ 気を**遣**いすぎると体をこわす。（　）

⓬ 実験の経過を**克明**に記録する。（　）
細部まではっきりわかる様子

⓭ ヨットの帆をロープで**縛**る。（　）

⓮ 問題の解決は**容易**である。（　）
類義語は「簡単」

⓯ 友人と川沿いを**散策**する。（　）

---

3 次の□に漢字を補って、慣用句・ことわざを完成させなさい。

❶ ぼくと彼は水と□だから会いたくない。（　）

❷ 君がそうしてくれるのは渡りに□だ。（　）

❸ 失敗して青菜に□のようになった。（　）
がっかりして元気をなくすこと

❹ 電話はまだかと□を長くして待つ。（　）

❺ 裏の畑は小さく、猫の□みたいだ。（　）

❻ 一事が□□で、何をやっても失敗だ。（　）
一つのことを見ればすべてわかるということ

❼ 虎□に入らずんば虎子を得ず（　）

❽ 犬も歩けば□に当たる（　）

❾ 情けは□のためならず（　）

❿ 落ち着きなさい。急《せ》いては□をし損じるよ。（　）

⓫ 言わぬが□だから、それは言わないよ。（　）

⓬ 君がそうするとは、□□の霹靂《へきれき》だ。（　）
急に起こった大事件

⓭ うそも□□、と言うからうそも必要だ。（　）

⓮ その行為は、□□の栗《くり》を拾うようなものだ。（　）

⓯ □は急げだから、早くしなさい。（　）

1 次の——線のカタカナを漢字に直しなさい。

❶ 見た目より**ナカミ**が大事だ。

❷ 会議では、**レイセイ**に議論が進んだ。
（興奮しないで落ち着いている様子）

❸ ろうそくの**ホノオ**で明るくなる。

❹ 修学旅行で神社**ブッカク**を巡る。
（寺院などの建物）

❺ 君はすでに**リッパ**な大人である。

❻ 切手を買いに**ユウビン**局に行く。

❼ **ショブン**される食料の多さが問題だ。

❽ 秋になると、**スズ**しい風が吹いてくる。

❾ 新しい雑誌が**ソウカン**される。

❿ 彼はすぐに外国生活に**ジュンノウ**した。

⓫ 父の仕事をそのまま受け**ツ**ぐ。
（そのあとを受けて続ける）

⓬ バスの**テイリュウジョ**がそこにある。

⓭ 土地の所有権が**オカ**された。

⓮ 電車の運行が**フッキュウ**した。

⓯ 道路の**ホシュウ**工事が行われている。
（一部分を直すこと）

⓰ お金を**ロウヒ**してはいけない。
（無駄に使うこと）

⓱ 食材をよく**ギンミ**してお客に出す。
（品質・内容などを詳しく調べること）

⓲ この条件に**ガイトウ**する人を捜す。

⓳ この事態を早急に**シュウシュウ**する。

⓴ 両国は勢力が**キンコウ**していた。

㉑ その本を**カンガイ**深く読んだ。

㉒ 君は注意力が**ケツジョ**しているよ。

㉓ 過去の栄光に**シュウチャク**する。
（あることに強くひかれ、忘れられないこと）

㉔ 進学か就職かの**キロ**に立つ。

㉕ 正月前に実家に**キセイ**した。

㉖ 昭和の**フゼイ**が感じられる商店街。

㉗ 突然怒鳴られて、**コンワク**した。

解答 別冊15ページ

1回目 /52

2回目 /52

2 次の——線の漢字の読み方を書きなさい。

❶ 昆虫の**雌雄**を区別する。〔　　〕
❷ 美しさに**陶酔**しきっていた。〔　　〕
❸ 人を**欺**いて大金をせしめる。（類義語は「だます」）〔　　〕
❹ あの部隊は**勇敢**に戦った。〔　　〕
❺ 競泳で世界記録に**挑**んだ。〔　　〕
❻ 適切な**措置**を施す必要がある。〔　　〕
❼ アメリカに向けて**出帆**した。〔　　〕
❽ 暗くても山の**輪郭**は見える。〔　　〕
❾ 正月には**羽織**を着て神社に参る。〔　　〕
❿ 化学**繊維**だから静電気が起こる。〔　　〕
⓫ 方角を**錯覚**して迷子になった。〔　　〕
⓬ そこが**肝心**なところだよ。〔　　〕
⓭ 勉強が進まず、**焦燥**感にかられる。（あせっていらだつこと）〔　　〕
⓮ 両者の意見を**折衷**する。（両方のよいところをとること）〔　　〕
⓯ **早速**彼から返事の手紙がきた。〔　　〕

3 次の□に漢字を補って四字熟語を完成させ、その読み方も書きなさい。

❶ **□前絶後**の出来事が起こった。（非常にめずらしいこと。まれなこと）〔　・　〕
❷ よい解決方法はないかと、**暗中□索**する。〔　・　〕
❸ **優□不断**の彼は、いつも迷ってばかりいる。（物事を決めることができない様子）〔　・　〕
❹ 彼は**自由自□**に英語を操る。〔　・　〕
❺ 実験がうまく行かず、**□行錯誤**する。〔　・　〕
❻ **□若無人**な態度を許してはいけない。（人前でも自分勝手に振る舞うこと）〔　・　〕
❼ 勉強では**一喜一□**する必要はない。〔　・　〕
❽ 彼は**大器□成**型の人間だろう。〔　・　〕
❾ サッカー選手になって、**縦横無□**の活躍をする。〔　・　〕
❿ どっちも手に入るから**一挙□得**だろう。〔　・　〕

解答 ▶ 別冊15ページ

1回目 /52

2回目 /52

1 次の——線のカタカナを漢字に直しなさい。

❶ **ザットウ**に紛れて姿を見失う。 ［　　　］
　└多数の人で混み合っていること

❷ 出張を頼まれたが、**コバ**んでしまった。 ［　　　］

❸ 隊長が部隊を**トウソツ**している。 ［　　　］

❹ 基礎練習で体力を**ツチカ**う。 ［　　　］

❺ 私の**ユイイツ**の趣味は手芸です。 ［　　　］

❻ 森林では樹木の**バッサイ**が進んでいる。 ［　　　］
　└木材を切り出すこと

❼ 自信と不安が**コウサク**している。 ［　　　］

❽ 欠席して議決を他の人に**ユダ**ねる。 ［　　　］

❾ 誌面の**テイサイ**のデザインを任された。 ［　　　］
　└外から見える形。見た目

❿ 彼の**クチョウ**はいつも激しい。 ［　　　］

⓫ 利用者の**ベンギ**を図るようにする。 ［　　　］

⓬ 今日は**シンシ**淑女が集まっている。 ［　　　］

⓭ 親から結婚の**ショウダク**を得た。 ［　　　］

⓮ 小型**センパク**の免許を取りに行く。 ［　　　］

⓯ 到着時刻を**シャショウ**に尋ねた。 ［　　　］

⓰ **ヒレツ**な態度は決して許さない。 ［　　　］
　└行いがいやしく汚いこと

⓱ 友人と**ショウギ**クラブに入った。 ［　　　］

⓲ 今日は着飾って**ブトウ**会に参加する。 ［　　　］

⓳ ローマ**コウテイ**の位につく。 ［　　　］

⓴ 警察庁の**チョッカツ**の組織だ。 ［　　　］

㉑ 市役所の人が**チンシャ**に訪れた。 ［　　　］

㉒ **キョクド**の近眼なので見えない。 ［　　　］
　└この上もない程度

㉓ この国の夏は暑すぎて**カコク**だ。 ［　　　］

㉔ 長年の努力の**セイカ**が表れる。 ［　　　］

㉕ 服の**センタク**は母の担当になっている。 ［　　　］

㉖ この規則は間違いも**ホウガン**している。 ［　　　］
　└その範囲の中に入っているということ

㉗ 飛行機が**カッソウ**を始める。 ［　　　］

2 次の――線の漢字の読み方を書きなさい。

❶ 空気の冷たさに冬の**気配**を感じる。（何となく感じられる様子）〔　　〕
❷ 二人で**交替**して寝ずの番をした。〔　　〕
❸ 国を富ませるため産業を**奨励**する。〔　　〕
❹ この道路は車の**往来**が激しい。（類義語は「通行」）〔　　〕
❺ 木と石を**摩擦**して火をおこした。〔　　〕
❻ 子どもと**一緒**になって騒ぐ。〔　　〕
❼ 人々は自由を**獲得**してきた。〔　　〕
❽ 学校でのイジメを**徹底**的に調査する。〔　　〕
❾ **証拠**もないのに人を糾弾できない。〔　　〕
❿ 彼はあらゆる事に自信**過剰**だ。（必要以上に多すぎること）〔　　〕
⓫ 日本語の**変遷**について研究する。〔　　〕
⓬ 戦争で日本人は**辛酸**をなめた。（「辛酸をなめる」で、つらい経験をすること）〔　　〕
⓭ 気温が**零下**五度になった。〔　　〕
⓮ これは**奇抜**なデザインの机だ。（思いもよらないほど変わっている様子）〔　　〕
⓯ **殴打**されたところが青くなる。〔　　〕

---

3 次の□に漢字を補って四字熟語を完成させ、その読み方も書きなさい。

❶ 徳川幕府の権力はすでに**有名無□**だった。〔　　・　　〕
❷ **臨□応変**の対応が窮地を救った。（状況によって適切に対処すること）〔　　・　　〕
❸ **東奔西□**して会社設立の資金を調達する。（あちこち駆け回ること）〔　　・　　〕
❹ スマートフォンの使い方を習得するのに**□戦苦闘**する。〔　　・　　〕
❺ あの選手は**大言□語**しているが、実力はない。〔　　・　　〕
❻ 君の言うことは**□離滅裂**で理解できない。〔　　・　　〕
❼ 成績は**一朝一□**でよくなることはない。〔　　・　　〕
❽ **清廉□白**を絵にかいたような人だ。〔　　・　　〕
❾ テストで失敗し**自暴自□**な気持ちになる。〔　　・　　〕
❿ **□明正大**な選挙を実現すべきだ。〔　　・　　〕

漢字の読み・書き、送りがなのある漢字の書き ⑧

解答 別冊16ページ

1回目 /57

2回目 /57

1 次の——線のカタカナを漢字に直しなさい。

❶ **イガタ**に液状の金属を流し込む。

❷ きゅうりをぬかみそに**ツ**ける。

❸ 怪しまれないよう、平静を**ヨソオ**った。
↳その振りをする

❹ **スナハマ**に書いた文字が波に消された。

❺ この地域には**レイサイ**企業が多い。

❻ **タサイ**な顔ぶれが出そろう。

❼ 若者の**ミャクドウ**が聞こえてくる。
↳続けて起こる力強いうごき

❽ 母との**ナツ**かしい思い出に浸る。

❾ 遺跡の**ハックツ**調査が始まる。

❿ 測定値には**ジャッカン**の誤差がある。

⓫ **キッサ**店でアルバイトをする。

⓬ **チュウショウ**的でわかりにくい文章だ。
↳対義語は「具体」

⓭ 話を**キャクショク**しているね。

⓮ 君の失敗は**マイキョ**にいとまがない。
↳「マイキョにいとまがない」で、非常に数が多いこと

⓯ あの人はお金を**カセ**ぐのが上手だ。

⓰ 卵の**カラ**を割るのが苦手だ。

⓱ 野菜の**シュビョウ**を手に入れる。

⓲ **マカナ**い付きの下宿に住む。
↳下宿や寮などで食事も付いていること

⓳ 波が岩に当たって**クダ**け散っている。

⓴ 学問の道を**タンキュウ**する。

㉑ 今はちょうどこの魚の**シュン**だ。
↳魚・野菜などの味が最もよい時期

㉒ 姉の持ち物はブランド**シコウ**だ。

㉓ 彼は足が速くて**カ**つ守備もうまい。

㉔ その訴訟は**キキャク**された。
↳無効にすること

㉕ 危機は脱したが**アブラアセ**が出た。

㉖ 美しい**ケイコク**の鉄橋を渡る。

㉗ 注射器を**シャフツ**して消毒した。

2 次の――線の漢字の読み方を書きなさい。

❶ 近所の人たちに**挨拶**する。

❷ 吉田松陰《よしだしょういん》に**畏敬**の念を抱く。
↳崇高なものや偉大な人をおそれ敬うこと

❸ 近所の耳鼻**咽喉**科の医院に通う。

❹ **才媛**といわれる人と見合いする。
↳学問や才能が優れた女性

❺ 「**俺**たちの旅」というドラマがあった。

❻ おなかが痛いのは**胃潰瘍**のせいだ。

❼ **柿**の実がたわわに実っている。

❽ **韓国**は大統領制を敷いている。

❾ **近畿**地方が梅雨に入った。

❿ **錦**の御旗《みはた》を掲げて行進する。

⓫ 有名な神社に**参詣**を果たした。

⓬ **拳法**にはいろいろな技がある。

⓭ **禁錮**五年の刑に服した。

⓮ 計画の**進捗**状況を調べる。
↳物事が進み、はかどること

⓯ 二人は**酷似**していて区別できない。

3 次の――線のカタカナを、漢字と送りがなで書きなさい。

❶ 自由を**ウバウ**法律だ。

❷ それだけ遊べばもう**アキル**だろう。

❸ 人を**ウタガウ**ような目で見るな。

❹ そんなに**オドロク**ことはないだろう。

❺ 二人の関係を**ソコネル**ことになる。
↳類義語は「壊す」

❻ 兄弟で**アラソウ**ことは悲しい。

❼ 月が**カガヤク**のは太陽の光のせいだ。

❽ 逃げる犯人を警察が**ツカマエル**。

❾ **イサギヨイ**態度が好まれている。
↳未練がましいところがなくさっぱりしている

❿ 夏には太陽が**テラス**範囲が広くなる。

⓫ 九月には暑さが**サカリ**を過ぎる。

⓬ 大切な友人を事故で**ウシナウ**。

⓭ コンクリートで地面を**カタメル**。

⓮ それは**キワメテ**難解な問題だ。
↳類義語は「非常に」

⓯ 夜露で地面が**シメル**季節だ。

32 漢字の読み・書き、同音異義語⑧

解答▶別冊16ページ

1回目 /57

2回目 /57

1 次の――線のカタカナを漢字に直しなさい。

❶ 具合が悪いので医者に**ミ**てもらう。

❷ **タイネツ**ガラスでできた鍋を使う。

❸ 母は**コト**に白い花が好きだ。
とりわけ。とくに

❹ 私はこの会社に**ヤト**われている。

❺ 技術のなさがついに**ロテイ**した。
隠れていたことがあらわになること

❻ テストが終わり、ほっと**トイキ**をつく。

❼ ガラス棚に商品を**チンレツ**する。

❽ **カレイ**な演技でファンを魅了する。
はなやかで美しい様子

❾ それは生徒会の**シュシ**に反する。

❿ 食事後、わたしが**カンジョウ**を払った。

⓫ **ハケン**を狙う国家が攻めてくる。

⓬ 服のほころびを**ツクロ**う。

⓭ めでたいので**エンセキ**を設けた。

⓮ 紛争があって原油が**コウトウ**した。

⓯ **チタイ**をさらして信用を失う。

⓰ 優勝して**ユウシュウ**の美を飾った。
「ユウシュウの美を飾る」で、終わりを全うすること

⓱ **カイチュウ**電灯を持って外出する。

⓲ 絶対的な権力を**ハジ**している。
しっかりともつこと

⓳ てんびんが右に**カタヨ**っている。

⓴ 歴史的な偉人を**スウハイ**する。
あがめて尊敬すること

㉑ 彼は**ヤクガラ**を見事に演じた。

㉒ **トウキ**の花瓶に花を生ける。

㉓ 裁判では**キョギ**の発言は罰せられる。

㉔ 元首相の盛大な**ソウギ**が催された。

㉕ 彼は鉄道模型に興味**シンシン**だ。
「興味シンシン」で、興味が尽きない様子

㉖ お互いの**ツゴウ**のよい時間に会う。

㉗ 不思議な**インネン**を感じる。

2 次の——線の漢字の読み方を書きなさい。

❶ 彼の**傲慢**さに批判が集中した。（→対義語は「謙虚」）〔　　〕
❷ 重い**疾病**にかかって、死亡した。〔　　〕
❸ あの政治家は財界と**癒着**している。〔　　〕
❹ プロと**素人**の差は大きい。〔　　〕
❺ 地図帳の**凡例**をよく見ておこう。〔　　〕
❻ 円熟の**極致**に達した芸だ。（→技などを究めて最終的に行き着く所）〔　　〕
❼ **瞬**く間に竹は生長する。〔　　〕
❽ **若年**層の支持を厚く受ける。〔　　〕
❾ 小さな船が**桟橋**に着いた。〔　　〕
❿ 社長は孫を**溺愛**している。（→むやみにかわいがること）〔　　〕
⓫ この監督の最新映画は**秀逸**だ。〔　　〕
⓬ 旅の日程は**僅**か三日間しかない。〔　　〕
⓭ 勉強が続かなくて**挫折**する。〔　　〕
⓮ 肉を**塊**のままオーブンに入れる。〔　　〕
⓯ 明日の夜は**暇**だから付き合うよ。〔　　〕

3 次の——線のカタカナを漢字に直しなさい。

❶ **ガイトウ**する人は申し出てください。〔　　〕
❷ **ガイトウ**でアンケートをとる。〔　　〕
❸ 桜の**カイカ**予想を調べる。〔　　〕
❹ 明治初期は文明**カイカ**の時代だ。〔　　〕
❺ **トクチョウ**のある字を書く。（→とくに目立つ点）〔　　〕
❻ 燃費がいいのが最大の**トクチョウ**だ。（→とくに優れた点）〔　　〕
❼ 店員の不親切な対応に**コウギ**する。〔　　〕
❽ あの教授の**コウギ**は興味深い。〔　　〕
❾ 言葉を**コウギ**に解釈する。〔　　〕
❿ 国々で**カンシュウ**に違いがある。〔　　〕
⓫ 論文の**カンシュウ**に携わる。〔　　〕
⓬ 大いに**カンシュウ**の拍手を呼んだ。〔　　〕
⓭ 出張の**ジキ**を決める。〔　　〕
⓮ **ジキ**外れの台風が近づく。（→シーズン）〔　　〕
⓯ せっかくの**ジキ**を逃す。（→物事をするのにいちばんよいおり。しおどき）〔　　〕

33 漢字の読み・書き、同訓異字 ⑥

解答 別冊17ページ

1回目 /57

2回目 /57

1 次の――線のカタカナを漢字に直しなさい。

❶ 冬になると道路が**トウケツ**する。（表面に氷が張ること）〔　　〕

❷ この辞書はいつも**チョウホウ**している。（使い勝手がよいこと）〔　　〕

❸ 作品は**ホド**なく仕上がります。〔　　〕

❹ 現実から**トウヒ**していたら進歩はない。〔　　〕

❺ 人を**ブジョク**する言動は禁止です。〔　　〕

❻ 見るに**タ**えない残虐な映画だ。〔　　〕

❼ 美しい**センリツ**の曲が聞こえてきた。〔　　〕

❽ 先生が**タンセイ**込めて育てた梅だ。（類義語は「真心」）〔　　〕

❾ 政界での**カクチク**が激しい。（お互いに競争すること）〔　　〕

❿ この役所が**ホウカツ**して管理している。〔　　〕

⓫ **コンシン**会で交流を深める。〔　　〕

⓬ 責任を**テンカ**しても解決しないよ。（他人になすりつけること）〔　　〕

⓭ 大和《やまと》という名の**センカン**があった。〔　　〕

⓮ 父親は**ガン**として自説を曲げない。〔　　〕

⓯ 六十歳は**カンレキ**と言われる。〔　　〕

⓰ **ショサイ**の本棚を整理する。〔　　〕

⓱ 彼は計算に**ヒイ**でている。〔　　〕

⓲ もう少しせりふに**ヨクヨウ**をつける。（発音の高低、強弱）〔　　〕

⓳ スタンドから**セイエン**を送る。〔　　〕

⓴ いたずらが過ぎるので**サト**した。〔　　〕

㉑ 県**シュサイ**の絵画展に絵を出品する。（中心となって行事をもよおすこと）〔　　〕

㉒ よくできた息子だと**ジフ**している。〔　　〕

㉓ **ムボウ**な運転はやめなさい。（よく考えずに行動すること）〔　　〕

㉔ 長年付き合った友人の死を**イタ**む。〔　　〕

㉕ 失敗してもそんなに**ラクタン**しないで。（がっかりすること）〔　　〕

㉖ 彼女には勇ましい**イツワ**がある。〔　　〕

㉗ **キガ**に苦しむ人たちが地球上にいる。〔　　〕

2 次の――線の漢字の読み方を書きなさい。

❶ この絵では空が青緑に**彩**られている。（　　）

❷ 傘を持たずに出てひどい目に**遭**った。（　　）

❸ その計画は、**漸次**進んでいます。（　　）
↳少しずつ

❹ 一期一会は私の**座右**の銘です。（　　）

❺ この辺りには**名刹**が多い。（　　）
↳有名な寺院

❻ この季節になると**郷愁**を感じる。（　　）
↳ふるさとを懐かしく思う気持ち

❼ 黒い**瞳**の美しい少女を見た。（　　）

❽ あの人は**舞踊**の師匠です。（　　）

❾ 父は文部科学省の**官吏**です。（　　）

❿ 猫の**餌**をペットショップで買う。（　　）

⓫ 妄想の**呪縛**から逃れられない。（　　）
↳人の心の自由を失わせること

⓬ 国民の不安を**払拭**する政治をする。（　　）
↳ぬぐいさること

⓭ 富士山の**裾野**には広い樹海もある。（　　）

⓮ おいしい**煎茶**を出してくれた。（　　）

⓯ 病院で**配膳**係の仕事をしている。（　　）

3 次の――線のカタカナを漢字に直しなさい。

❶ 交差点の直前で車を**ト**める。（　　）

❷ 重要なことを心に深く**ト**める。（　　）
↳物をある位置から動かないようにする

❸ 払ったお金が**カエ**ってきた。（　　）

❹ 父が夜遅く家に**カエ**ってきた。（　　）

❺ 石油の備蓄量がだんだんと**ヘ**る。（　　）

❻ 大きな事件から長い月日を**ヘ**る。（　　）

❼ 難しい数学の問題を**ト**く。（　　）

❽ 偉大な仏教の教えを**ト**く。（　　）

❾ 小麦粉を水に**ト**く。（　　）

❿ 秋になって空気が**ス**む。（　　）

⓫ 面倒な手続きがやっと**ス**む。（　　）

⓬ 大きな都市に初めて**ス**む。（　　）

⓭ 遊説の予定を**カ**える。（　　）

⓮ 簡単な自己紹介を挨拶に**カ**える。（　　）
↳他の事物にある役目をさせる

⓯ シーツを新しいものに**カ**える。（　　）
↳新しいものを使う

34 漢字の読み・書き、類義語・対義語④

解答 別冊17ページ

1回目 /66

2回目 /66

1 次の――線のカタカナを漢字に直しなさい。

❶ 紛争があったが、センカを逃れた。（　　）
紛争による災い

❷ 秋にはイナホが垂れてくるよ。（　　）

❸ 多数のシンセキが家に集まった。（　　）

❹ 台風で大損害をコウムる。（　　）

❺ 不況のため、工場がヘイサされた。（　　）

❻ 今日の夕日はコい色をしている。（　　）

❼ 道に迷ってトホウに暮れた。（　　）

❽ 人は何によってもソクバクされない。（　　）

❾ 学校の方針にモトづく措置です。（　　）

❿ 入院中の母はショウコウ状態です。（　　）
どうにか穏やかな様子。全快ではないが少しよいこと

⓫ 冷たい水にタオルをヒタす。（　　）

⓬ ビタミンを多量にセッシュする。（　　）
体にとり込むこと

⓭ 時代背景をトウエイした作品だ。（　　）

⓮ 弁護士のホウシュウは高い。（　　）
労働や仕事に対する謝礼の金銭・物品

⓯ スイソウで熱帯魚を飼育する。（　　）

⓰ 六月になってからムし暑くなった。（　　）

⓱ 電車内の電話はハナハだ迷惑だ。（　　）
類義語は「非常に」「ひどく」

⓲ この画家はショウゾウ画がうまい。（　　）

⓳ 新しい技術をエトクする。（　　）

⓴ 年末コウレイの歌合戦を見る。（　　）

㉑ ヒフには熱を感じる神経がある。（　　）

㉒ フソクの事態に備えて対策を練る。（　　）
予想がつかないこと

㉓ 父は絵画に関してシンビ眼がある。（　　）

㉔ 前歯をキョウセイしている。（　　）

㉕ 入社して、ショム係に配属された。（　　）

㉖ 太陽が空高くノボっている。（　　）

㉗ あの国はセトギワ外交をやっている。（　　）

2 次の——線の漢字の読み方を書きなさい。

❶ 君とは深い**因縁**を感じる。（目に見えないつながり）

❷ 少し**痩**せる努力をしないといけない。

❸ 家に来てもらっても迷惑**千万**だ。

❹ 緊張して**唾液**も出てこない。

❺ 君の**処遇**は悪いようにしないよ。（人に対する扱い）

❻ 秋の物悲しさを俳句に**詠**む。

❼ こんな夜にはピアノを**奏**でたい。

❽ 坂本竜《さかもとりょう》馬《ま》は**脱藩**して活躍した。

❾ 定年後は田舎に**閑居**するつもりだ。（のんびり暮らすこと）

❿ 何でもかんでも**邪推**するなよ。（悪い意味に、ひがんで受け取ること）

⓫ ここが、王の**幽閉**された場所だ。

⓬ 景気が落ち込んで銀行が**破綻**した。

⓭ **暫定**的に日程を決めておく。（一時的）

⓮ 大きな願いが**成就**する。

⓯ 善良な**市井**の人々と会いたい。

3 次の言葉の類義語を書きなさい。

❶ 異論＝（違う意見）

❷ 曲解＝（間違った解釈をすること）

❸ 気質＝

❹ 真実＝

❺ 応答＝

❻ 光景＝

❼ 所持＝

❽ 真意＝

❾ 運命＝

❿ 横領＝（人の物を不当に取ること）

⓫ 出世＝

⓬ 踏襲＝

4 次の言葉の対義語を書きなさい。

❶ 外交↕

❷ 雑然↕（片付いてない様子）

❸ 有事↕

❹ 快楽↕

❺ 包含↕

❻ 仮性↕

❼ 副業↕

❽ 借用↕

❾ 遺失↕

❿ 団体↕

⓫ 悲哀↕

⓬ 逃走↕

35 漢字の読み・書き、慣用句・ことわざ ⑤

解答▶別冊18ページ

1回目 /57

2回目 /57

1 次の——線のカタカナを漢字に直しなさい。

❶ **ゲンカク**な父に育てられる。（　　）

❷ 作戦の**タイコウ**を知らせる。（　　）
↳事柄の根本となる骨組み

❸ 人生の**キュウキョク**の目的を知る。（　　）

❹ 汚れた**クツ**を履き替える。（　　）

❺ 温泉好きが山奥の**ヒトウ**を巡っている。（　　）
↳人知れず湧いている温泉

❻ 犯人が**トウボウ**生活を送っている。（　　）

❼ 君は**ゲンカン**を見張ってくれ。（　　）

❽ 重要**ジコウ**のおさらいをする。（　　）

❾ 春の園遊会が**モヨオ**された。（　　）
↳展示会など、人が集まる行事を開く

❿ 法律を**ジュンシュ**する精神が大切だ。（　　）

⓫ 友好条約を**テイケツ**する。（　　）

⓬ そんなに**ミジ**めな境遇ではない。（　　）

⓭ 金属には特有の**コウタク**がある。（　　）

⓮ 事実と**ソウイ**した発言をする。（　　）
↳同じでないこと

⓯ 音楽室は第二**コウシャ**にある。（　　）

⓰ 時計は**セイコウ**に作られている。（　　）

⓱ 電車の中で**サワ**いではならない。（　　）

⓲ 実力が**ハクチュウ**している二人だ。（　　）
↳同じような力で優劣がないこと

⓳ 老後は**ユウガ**な生活を送る。（　　）

⓴ 人に**ウラ**まれる覚えはない。（　　）

㉑ 私は**ボンヨウ**な人間である。（　　）
↳優れた点を持たないこと

㉒ 彼は大学で歴史学を**オサ**めた。（　　）

㉓ 先生が生徒の家庭を**ホウモン**する。（　　）

㉔ 王様は民を**イツク**しみ、守った。（　　）

㉕ 先発の他に**ヒカ**えの選手もいる。（　　）

㉖ トラックで野菜を**ウンパン**する。（　　）

㉗ 不要なファイルを**サクジョ**した。（　　）

2 次の——線の漢字の読み方を書きなさい。

❶ 大統領が暗殺を**謀**られた。（　　）
❷ やっと回復の**兆**しが見られた。（　　）
（物事が起こることを予想させるもの）
❸ 世間の人々の**耳目**を驚かす。（　　）
❹ 幼児が上手にお絵**描**きをする。（　　）
❺ 温室ではいい香りが**匂**う。（　　）
❻ この道は**舗装**されていない。（　　）
❼ 在庫品を**廉価**で販売する。（　　）
（安い値段）
❽ 明治時代、国中に鉄道を**敷設**した。（　　）
❾ 彼は**格子**じまの着物を着ていたよ。（　　）
❿ 町に**災厄**をもたらしたのは彼だ。（　　）
⓫ 僧侶が全国を**行脚**する。（　　）
（修行のため各地を巡り歩くこと）
⓬ あいまいな態度に**業**を煮やす。（　　）
（「業を煮やす」で、腹を立てる）
⓭ 企業を相手に**訴訟**を起こした。（　　）
⓮ インフルエンザの**免疫**ができる。（　　）
（病原菌などに打ち勝つ力を持つこと）
⓯ 温泉場では**浴衣**で出歩いた。（　　）

3 次の□に漢字を補って、慣用句・ことわざを完成させなさい。

❶ 君は、花も□もある人生だね。（　　）
（外見ばかりでなく中身もすばらしいこと）
❷ かくれんぼで、□を殺して隠れる。（　　）
❸ 彼の言い分には二の□が継げない。（　　）
❹ 爪《つめ》に□をともすような生活をする。（　　）
❺ □た子を起こすようなことを言うな。（　　）
（よけいなことをして再び問題を起こす）
❻ 東京は生き馬の□を抜くような街だ。（　　）
❼ あの政党は揚げ□を取ってばかりいる。（　　）
（言い間違いや言葉じりをとらえて非難する）
❽ 工事の日程に□□をつける。（　　）
❾ 水を得た□のように活躍する。（　　）
❿ 落語家だから立て板に□のようだ。（　　）
⓫ 君には□□の手をひねるように勝てる。（　　）
⓬ あいつはきっと□を仇《あだ》で返すよ。（　　）
⓭ 何を言っても蛙《かえる》の面《つら》に□だ。（　　）
⓮ 雨だれ□をうがつように継続する。（　　）
⓯ 怒りっぽいのが□に瑕《きず》だ。（　　）

36 漢字の読み・書き、四字熟語⑤

解答▶別冊18ページ

1回目　/52

2回目　/52

1 次の――線のカタカナを漢字に直しなさい。

❶ 人に**キラ**われることもある。（　　）

❷ よろけた**ヒョウシ**に人にぶつかった。（　　）
↳何かをしたちょうどそのとき

❸ 私のただ一つの趣味は**ツ**りです。（　　）

❹ **ハワタ**り三十センチの包丁。（　　）

❺ 師の**セイキョ**を知り、悲しむ。（　　）
↳「死去」の尊敬語

❻ それは**セットウ**罪になるぞ。（　　）

❼ **ニンシン**した人に席を譲った。（　　）

❽ 床の間の花瓶に花を**サ**す。（　　）

❾ **サンパク**五日でハワイに行った。（　　）

❿ 目が**ジュウケツ**していて少し痛む。（　　）

⓫ そこは捜索の**モウテン**だった。（　　）
↳気がつかないところ

⓬ 隣国と武力**コウソウ**が続いている。（　　）

⓭ 店員の態度に**フンガイ**した。（　　）

⓮ 病気を**ケイキ**に間食をやめた。（　　）

⓯ **カンダイ**な処置に感謝する。（　　）
↳心が広いこと

⓰ 人の**リンリ**観が後退している。（　　）

⓱ 他国の**シンリャク**におびえる毎日だ。（　　）

⓲ 父はそのとき**シリョ**を巡らした。（　　）

⓳ 仕事の合間に**キュウケイ**する。（　　）

⓴ 自由**ホンポウ**に振る舞える時代だ。（　　）
↳「自由ホンポウ」で、自分の思うままに行動する様子

㉑ 雨の日の日本庭園には**オモムキ**がある。（　　）
↳味わい。おもしろみ

㉒ 不幸を**ナゲ**いても何にもならない。（　　）

㉓ この寺院は**ユイショ**がある。（　　）

㉔ **ゴウカ**客船の旅に出る。（　　）

㉕ 今や世間の**ゾウオ**の的になっている。（　　）

㉖ **カクウ**の人物をつくり上げる。（　　）
↳現実にはないもの

㉗ **イクタ**の峠を越えてやってきた。（　　）

2 次の——線の漢字の読み方を書きなさい。

❶ 夜の冷気は弱った体に**障**るよ。

❷ 彼女の性格の良さは私が**請**け合う。

❸ その城は**荘厳**な雰囲気が漂っていた。

❹ カステラを切ったら**半端**ができた。
数量がそろっていないこと

❺ 彼は**律儀**に挨拶をしてくる。

❻ **哀惜**の念に堪えない。
人の死を悲しみ惜しむこと

❼ **滅私**奉公といわれる時代があった。
「滅私奉公」で、私心を捨てて、社会や国などのために尽くすこと

❽ それを言うのは**野暮**というものだ。

❾ 荒れ地を苦労して**開墾**する。

❿ その**類**いの話はもうたくさんだ。

⓫ 自分の人生に**真摯**に向き合う。
まじめでひたむきなこと

⓬ 音楽を聴くと、心が**癒**やされる。

⓭ 民衆の**蜂起**に為政者は驚いた。
大勢が力に訴えて立ち上がること

⓮ 初めて**教壇**に立ってから十年がたつ。

⓯ 暴動はやがて**鎮圧**された。

3 次の□に漢字を補って四字熟語を完成させ、その読み方も書きなさい。

❶ **奇想□外**な計画を立てた。
全く思いがけない奇抜なこと

❷ 彼は**喜怒□楽**がすぐ顔に出る。

❸ 彼は**用意□到**だから任せておいてよい。
準備に手抜かりがないこと

❹ 世間では**□顔無恥**な行動がよく見られる。

❺ **完全□欠**な人がいるわけがない。

❻ しばらくは**□立無援**の戦いが続く。

❼ あまりの**暴□暴食**にあきれかえる。

❽ **枝葉□節**にばかりこだわるのは誤りだ。
本質からはずれた部分

❾ 人生はいつも**□風満帆**というわけにはいかない。

❿ **無□乾燥**な小説でがっかりした。

仕上げテスト ①

解答 別冊19ページ
時間 30分
合格点 80点
/100点

1 次の――線のカタカナを漢字に直しなさい。（2点×8）

□❶ 列車が**テッキョウ**を渡っていった。〔　　〕
□❷ 図書館の利用者数の**トウケイ**をとる。〔　　〕
□❸ 飛行機の**ソウジュウ**訓練をする。〔　　〕
□❹ 祖父の技が**エンジュク**の域に達する。〔　　〕
□❺ 海の近くの**シュクシャ**に泊まる。〔　　〕
□❻ 新人賞の**コウホ**に選ばれた。〔　　〕
□❼ 電源を**ヘイレツ**につなぐ。〔　　〕
□❽ 新たな金の**コウミャク**が発見された。〔　　〕

2 次の――線のカタカナを、漢字と送りがなで書きなさい。（2点×3）

□❶ 持ち寄った物品の即売会を**モヨオス**。〔　　〕
□❷ たくさんのありが砂糖に**ムラガル**。〔　　〕
□❸ 受講科目の説明を聞き**ソコネル**。〔　　〕

3 次の――線の漢字の読み方を書きなさい。（2点×13）

□❶ 小石が落ちて水面に**波紋**が広がる。〔　　〕
□❷ 観光客が**頻繁**に訪れる。〔　　〕
□❸ 若者の**斬新**な発想に期待する。〔　　〕
□❹ 思いもせぬ人生の**岐路**に立つ。〔　　〕
□❺ 風景**描写**がすばらしい作品だ。〔　　〕
□❻ 自由**奔放**な性格の人だ。〔　　〕
□❼ 庭先の畑でトマトを**栽培**する。〔　　〕
□❽ 美しさをあえて**犠牲**にする。〔　　〕
□❾ 老人のわがままに**翻弄**される。〔　　〕
□❿ カーテンに**光沢**のある布を用いる。〔　　〕
□⓫ 額の汗を**拭**いながら、山道を歩く。〔　　〕
□⓬ ベンチで**憩**いのひとときを過ごす。〔　　〕
□⓭ ごみの量を**僅**かでも減らす。〔　　〕

4 次の――線のカタカナを漢字に直したとき、同じ漢字を用いるものをそれぞれ選び、記号で答えなさい。（4点×3）

□❶ イシ表示をする。
ア 父のイシを継ぐ。
イ 賛成のイシを表す。
ウ イシをめざして努力する。
エ 彼はイシが強い。
〔　　〕

□❷ 窓をカイホウする。
ア 病がカイホウに向かう。
イ 母はカイホウ的な性格だ。
ウ 仕事からカイホウされる。
エ 活動報告のカイホウを出す。
〔　　〕

□❸ ヘイコウ棒の競技。
ア 二人はヘイコウして走る。
イ 常にヘイコウ感覚をもつ。
ウ 延々とヘイコウ線をたどる。
エ 冗舌な悪口にヘイコウする。
〔　　〕

5 次の――線のカタカナを漢字に直したとき、異なる漢字を用いるものをそれぞれ選び、記号で答えなさい。（4点×4）

□❶ ア 問題をトく。　イ 結び目をトく。
ウ 絵の具をトく。
〔　　〕

□❷ ア 写真をウツす。　イ 顔を鏡にウツす。
ウ 文章をウツす。
〔　　〕

□❸ ア 茶をススめる。　イ 工事をススめる。
ウ 歩をススめる。
〔　　〕

□❹ ア 湯がサめる。　イ 目がサめる。
ウ 恋がサめる。
〔　　〕

6 次の言葉の類義語・対義語をそれぞれ選び、記号で答えなさい。（4点×6）

□❶ 賛成 ＝ ア 認可　イ 同意　ウ 同位　〔　　〕
□❷ 倹約 ＝ ア 節約　イ 兼用　ウ 消費　〔　　〕
□❸ 不安 ＝ ア 懸念　イ 疑念　ウ 観念　〔　　〕
□❹ 義務 ↕ ア 権力　イ 権利　ウ 権益　〔　　〕
□❺ 偶然 ↕ ア 雑然　イ 整然　ウ 必然　〔　　〕
□❻ 安全 ↕ ア 不全　イ 危険　ウ 保全　〔　　〕

仕上げテスト②

解答 別冊19ページ
時間 30分
合格点 80点
/100点

1 次の――線のカタカナを漢字に直しなさい。（2点×8）

- □❶ **クモ**り空から太陽が顔を出す。
- □❷ 海外への**リョケン**発行を申請する。
- □❸ 楽隊が迫力ある**エンソウ**をする。
- □❹ 古い絵巻物の**ユライ**を調べる。
- □❺ 川沿いの道を家族と**サンサク**する。
- □❻ 週末に**シンセキ**の家に行った。
- □❼ 建築の**センモン**家の意見を聞く。
- □❽ 誕生会に友人を**ショウタイ**する。

2 次の――線のカタカナを、漢字と送りがなで書きなさい。（2点×3）

- □❶ 庭の柿の木の実が**ウレル**。
- □❷ 情報の交換を**ココロミル**。
- □❸ 貴重な意見を**ウケタマワル**。

3 次の――線の漢字の読み方を書きなさい。（2点×13）

- □❶ 氷上の**華麗**な舞に拍手が起こる。
- □❷ 常に新しい課題に**挑戦**する。
- □❸ 母が夕食の**支度**にとりかかる。
- □❹ 物語はいよいよ**佳境**に入った。
- □❺ 新緑の並木道を**循環**バスが走る。
- □❻ 交通ルールを**遵守**する。
- □❼ 半端でない力量に**畏怖**する。
- □❽ 気温の変化に**敏感**に反応する。
- □❾ 本を読むことは脳の**刺激**によい。
- □❿ 秋はいろいろな行事で**忙**しい。
- □⓫ 登山中に危険な状態に**陥**る。
- □⓬ 家系の過去に**遡**る。
- □⓭ 視界を**遮**るものがない大海原。

4 次の意味に最も近い慣用句・ことわざをそれぞれ選び、記号で答えなさい。（4点×3）

□❶ 雲の上の存在のようなもの。
ア 知らぬが仏
イ 寝耳に水
ウ 高嶺《たかね》の花
エ 筆が立つ
〔　　〕

□❷ 予定より多くのお金を使う。
ア 足が向く
イ 足を運ぶ
ウ 足が出る
エ 足が地につく
〔　　〕

□❸ くれぐれも用心して事に当たること。
ア 果報は寝て待て
イ 三人寄れば文殊の知恵
ウ 立つ鳥跡を濁さず
エ 石橋をたたいて渡る
〔　　〕

5 次の（　）に入る最も適当な四字熟語をそれぞれ選び、記号で答えなさい。（4点×3）

□❶ 彼は毎日（　）しながら新作を生みだした。
ア 孤立無援　イ 試行錯誤
ウ 因果応報　エ 単刀直入
〔　　〕

□❷ 有名人と握手する（　）のチャンスだ。
ア 一喜一憂　イ 公明正大
ウ 千載一遇　エ 以心伝心
〔　　〕

□❸ 彼は（　）の激しい人だ。
ア 悪戦苦闘　イ 馬耳東風
ウ 大器晩成　エ 喜怒哀楽
〔　　〕

6 次の四字熟語の□には同じ漢字が入る。それぞれに入る漢字一字を書きなさい。（4点×7）

□❶ □朝□夕〔　　〕
□❷ □人□色〔　　〕
□❸ 海□山□〔　　〕
□❹ □飲□食〔　　〕
□❺ □業□得〔　　〕
□❻ 右□左□〔　　〕
□❼ □由□在〔　　〕

仕上げテスト ③

解答▶別冊20ページ

時間 30分

合格点 80点

/100点

1 次の――線のカタカナを漢字に直しなさい。（2点×8）

□❶ 登山の**メンミツ**な計画を立てる。〔　　〕

□❷ 提出した作品が高く**ヒョウカ**された。〔　　〕

□❸ 自分の意見を**ソッチョク**に述べる。〔　　〕

□❹ 机の引き出しに手紙を**ホカン**する。〔　　〕

□❺ 交通**キソク**を守って走る。〔　　〕

□❻ 試合中の**フンキ**を期待する。〔　　〕

□❼ 河川への立ち入りを**キンシ**する。〔　　〕

□❽ アメリカでの**タイザイ**先を決める。〔　　〕

2 次の――線のカタカナを、漢字と送りがなで書きなさい。（2点×3）

□❶ とっさに知らない振りを**ヨソオウ**。〔　　〕

□❷ 先頭走者との差を**チヂメル**。〔　　〕

□❸ **オドロキ**のあまり立ち尽くす。〔　　〕

3 次の――線の漢字の読み方を書きなさい。（2点×13）

□❶ 任された仕事を**完遂**する。〔　　〕

□❷ 兄弟でもないのに顔が**酷似**している。〔　　〕

□❸ 曖昧な応答に**辛辣**な意見が飛ぶ。〔　　〕

□❹ BGMに美しい**旋律**が流れる。〔　　〕

□❺ 日本酒を**醸造**する蔵を訪ねる。〔　　〕

□❻ 夏の盛り、神社の**境内**でセミが鳴く。〔　　〕

□❼ 山ぎわのやせた土地を**肥沃**にする。〔　　〕

□❽ 姉は古典文学に**傾倒**している。〔　　〕

□❾ 行楽へ向かう高速道路が**渋滞**する。〔　　〕

□❿ 街路がタイル張りに**舗装**された。〔　　〕

□⓫ 山頂からすばらしい景色を**眺**める。〔　　〕

□⓬ 人々の熱気が会場を**覆**い尽くす。〔　　〕

□⓭ 是非の判断は読者に**委**ねる。〔　　〕

4 次の――線のカタカナを漢字に直しなさい。(2点×15)

□❶ ア 植木鉢を窓際にイドウする。（　　）
イ 四月には人事イドウがある。（　　）
ウ 数値のイドウを詳しく調べる。（　　）

□❷ ア 独りカンショウにひたる。（　　）
イ 熱帯魚のカンショウが趣味です。（　　）
ウ 親のカンショウが煩わしい。（　　）

□❸ ア 出張旅費をセイサンする。（　　）
イ 倒産した会社のセイサンをする。（　　）
ウ 新製品のセイサンが遅れている。（　　）

□❹ ア 雲間から月が姿をアラワす。（　　）
イ 初めて本をアラワす。（　　）
ウ 資料をグラフにアラワす。（　　）

□❺ ア 命をカけて救助に向かう。（　　）
イ 白馬が草原をカける。（　　）
ウ 落とした茶わんがカける。（　　）

---

5 次の□に適当な漢字一字を入れて、❶～❺は類義語、❻～❿は対義語を完成させなさい。(1点×10)

□❶ 改革 ＝ 革□（　　）
□❷ 運命 ＝ □命（　　）
□❸ 着想 ＝ □想（　　）
□❹ 臨終 ＝ 最□（　　）
□❺ 冷静 ＝ □着（　　）
□❻ 単純 ↕ □雑（　　）
□❼ 遺失 ↕ □得（　　）
□❽ 削減 ↕ □加（　　）
□❾ 希薄 ↕ □厚（　　）
□❿ 具体 ↕ □象（　　）

6 次の□に適当な漢字を入れて、四字熟語・慣用句・ことわざを完成させなさい。(2点×6)

□❶ 順風□□な人生を送る。（　　）
□❷ 寸暇を□しんで仕事に励む。（　　）
□❸ いくら注意しても二階から□□だ。（　　）
□❹ 二人の関係は水と□でいつも衝突している。（　　）
□❺ 事件に臨機□□に対処する。（　　）
□❻ 新任の社長は清廉□□な人だ。（　　）

本書に関する最新情報は，当社ホームページにある本書の「サポート情報」をご覧ください。(開設していない場合もございます。)

中学 ハイクラステスト 漢字・語句

編著者 中学国語問題研究会
発行者 岡本明剛
印刷所 寿印刷

発行所 受験研究社

© 株式会社 増進堂・受験研究社
〒550-0013 大阪市西区新町2丁目19番15号
注文・不良品などについて：(06)6532-1581(代表)／本の内容について：(06)6532-1586(編集)

注意 本書の内容を無断で複写・複製(電子化を含む)されますと著作権法違反となります。
Printed in Japan 高廣製本
落丁・乱丁本はお取り替えします。

解答編

中学 ハイクラステスト／漢字・語句

1　2・3ページ

1

❶非（批）難　❷負担　❸希薄　❹依頼　❺規模　❻根拠　❼貴重　❽厳密　❾規制　❿業績　⓫妨害　×妨外　⓬基盤　⓭放棄　⓮洗練

⓯衝突　⓰歓声　⓱詳細　⓲無駄　⓳効率　×効律　⓴拡張　㉑大胆　㉒事態　㉓操縦　㉔安易　㉕寛容　㉖郊外　㉗遠慮

2

❶けっさく　❷ふにん　❸きた　❹おこた　❺やっかい　❻へいおん　❼かか　❽けんお　❾しゅうちゃく（しゅうじゃく）　❿くず　⓫ぎょうしゅく　⓬ひろう　⓭ぼうだい　⓮つらぬ　⓯かか

3

❶促す　❷覆う　❸眺める　❹陥る　❺著しい　❻刻む　❼浴びる　❽唱える　❾避ける　❿紛れる　⓫補う　×補なう　⓬朗らか　⓭鮮やか　⓮営む　⓯厳しい

2　4・5ページ

1

❶抗議　❷期待　❸不思議　❹由来　❺媒介　❻透明　❼冒頭　❽配慮　❾遂行　×逐行　❿恐　⓫派遣　×派遺　⓬維持　⓭範囲　⓮喚起　×換起　⓯掲載

⓰駆使　⓱継承　⓲浴室　⓳健　⓴招待　×紹待　㉑功績　×功積　㉒拾　㉓預　㉔往復　㉕編　㉖貯蔵　㉗営業

2

❶ぎょうし　❷ていさい　❸こんいん　❹じょうぞう　❺しんぼう　❻ざっとう　❼こうてつ　❽きせい　❾ふぜい　❿ゆだ　⓫えんかつ　⓬ふきゅう　⓭えしゃく　⓮まんきつ　⓯にゅうわ

3

❶担う　❷訪れる　❸招く　❹及ぼす　❺衰える　❻導く　❼築く　❽臨む　❾滞る　❿施す　×施こす　⓫費やす　⓬厳か　×厳そか　⓭操る　⓮漂う　⓯添える

3 6・7ページ

1

❶専門 ×専問
❷貿易
❸典型 ×典形
❹起伏
❺複雑
❻候補 ×候捕
❼衛星
❽勤務
❾包装
❿資源
⓫故障
⓬演奏
⓭操作
⓮奮起 ×奮気
⓯射
⓰従
⓱裁
⓲清潔
⓳率
⓴批評
㉑温暖
㉒冷
㉓反
㉔適宜
㉕缶詰
㉖幻
㉗泥沼

2

❶ほんろう
❷かんとう
❸えいやく
❹らいめい
❺しげ
❻た
❼こうたく
❽つら
❾おお
❿たいこ
⓫たぼう
⓬ぎせい
⓭なご
⓮きんみつ
⓯いとな

3

❶養う ×養なう
❷縮める
❸携える
❹催す
❺慰める
❻伴う ×伴なう
❼支える
❽被る
❾挑む
❿険しい
⓫示す
⓬装う
⓭破る
⓮栄える
⓯拝む

4 8・9ページ

1

❶賃料
❷綿密
❸訴訟
❹慶弔
❺万全 ×万善
❻弊害 ×幣害
❼木陰
❽串
❾均等
❿凹凸
⓫干潟
⓬塊
⓭審査
⓮洞穴
⓯備蓄 ×備畜
⓰自粛
⓱選択肢 ×選択枝
⓲折
⓳師
⓴電卓
㉑別荘
㉒改
㉓氷菓
㉔毒蛇
㉕遭 ×会
㉖研
㉗社屋

2

❶ちょうせん
❷つ
❸りょてい
❹じゅうかん ×じゅんかん
❺こうけん
❻ふんいき ×ふいんき
❼けいしょう
❽いただき
❾しげき
❿れきにん
⓫かか ×あ
⓬ほうがん
⓭せんきょ
⓮とうせき
⓯しない

3

❶潜む
❷諭す
❸妨げる
❹弾む
❺培う ×培かう
❻委ねる
❼注ぐ
❽穏やか ×穏か
❾遮る
❿募る
⓫巧み
⓬遂げる
⓭拒む
⓮強いる
⓯乏しい

5 10・11ページ

1
❶総
❷扉
❸稚拙
❹幕
❺部位
❻担任
❼白桃
❽解釈
❾忠臣
❿好青年
⓫併設 ×並設
⓬芝
⓭臨
⓮遅刻
⓯禁止
⓰厚
⓱弱音
⓲登板
⓳執筆
⓴加湿
㉑怖
㉒決裁 ×決済
㉓粘
㉔地層
㉕鏡
㉖礼
㉗工夫

2
❶かれい
❷さば
❸こじ
❹とっぴ ×とつひ
❺けいとう
❻つくろ ×ぬ
❼こころよ
❽たんれん
❾そな
❿けつじょ
⓫しょうはい
⓬ごふく
⓭すんし
⓮ようし
⓯ふっこう

3
❶紹介 ×招介
❷照会
❸豊富
❹抱負
❺必死
❻必至
❼意思
❽意志
❾遺志
❿慎重
⓫深長
⓬新調
⓭衛生
⓮衛星
⓯永世

6 12・13ページ

1
❶初
❷斜
❸出願
❹閉
❺武具
❻古典
❼孫
❽甘酒
❾助詞
❿暮
⓫司法
⓬危
⓭即決 ×速決
⓮永住
⓯縦笛
⓰技 ×枝
⓱条件
⓲傘
⓳吸
⓴穀倉
㉑冠婚
㉒燃
㉓養
㉔忘
㉕満足
㉖除 ×徐
㉗痛

2
❶しょくたく ×ぞくたく
❷いん
❸えんじん
❹けいこく
❺ゆいごん
❻つい
❼しんぐ
❽さまた
❾そうおん
❿さ
⓫ていはく
⓬ふっとう
⓭きかざ
⓮ちりょう
⓯かいが

3
❶非(批)難
❷避難
❸異常 ×異状
❹以上
❺依然
❻以前
❼移動
❽異動
❾異同
❿関心
⓫感心
⓬歓心
⓭保証
⓮保障
⓯補償

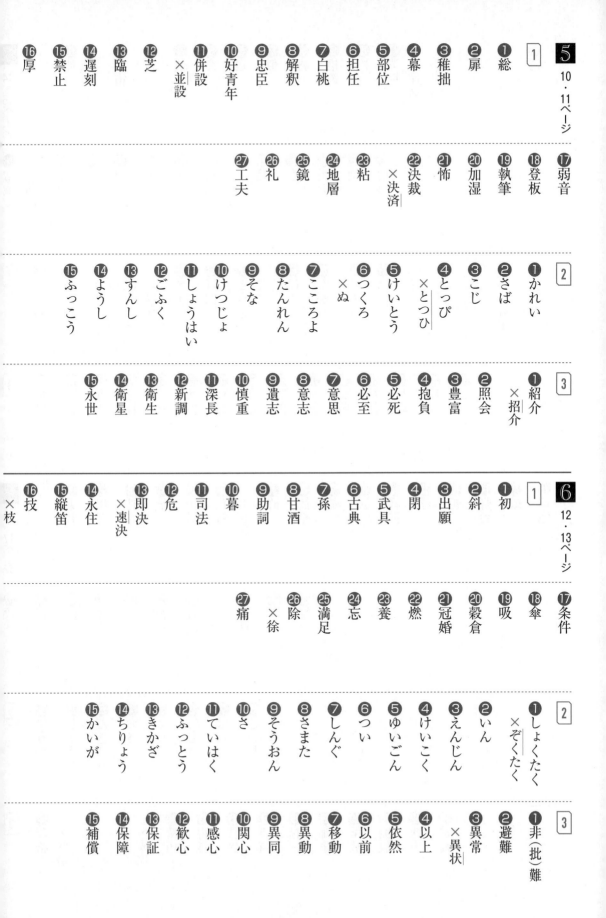

7 14・15ページ

1

❶ 伸　×延
❷ 宇宙
❸ 苦
❹ 慣
❺ 窓
❻ 辺
❼ 似
❽ 帆
❾ 拒絶
❿ 栓
⓫ 違反　×偉反
⓬ 敗北
⓭ 競
⓮ 借
⓯ 認
⓰ 常識　×常織
⓱ 責任
⓲ 沿
⓳ 逆
⓴ 笑
㉑ 遮断
㉒ 近郊　×近効
㉓ 捨
㉔ 巻
㉕ 毛髪
㉖ 泡
㉗ 刑事

2

❶ ととの
❷ かいひん
❸ つと
❹ ぼうぎょ　×ぼうご
❺ すす
❻ はばつ
❼ とうと（たっと）
❽ ほま
❾ かがや
❿ くちょう
⓫ ほどこ
⓬ さ
⓭ なが
⓮ くだ
⓯ そっちょく

3

❶ 解答
❷ 回答
❸ 野生
❹ 野性
❺ 創造
❻ 想像
❼ 行為
❽ 好意
❾ 厚意
❿ 対象
⓫ 対照
⓬ 対称
⓭ 生産
⓮ 精算
⓯ 清算

8 16・17ページ

1

❶ 柔軟
❷ 尾翼
❸ 枯
❹ 欲
❺ 山肌
❻ 花粉　×花紛
❼ 許
❽ 簡単
❾ 疑
❿ 涙
⓫ 経済
⓬ 呼
⓭ 絶
⓮ 灯台
⓯ 蚊
⓰ 邸宅
⓱ 営
⓲ 述
⓳ 博
⓴ 豊富
㉑ 限
㉒ 輸送
㉓ 規則　×規測
㉔ 珍味
㉕ 泰平
㉖ 浸水　×進水
㉗ 綿

2

❶ ほうかい
❷ しょうどう
❸ だきょう
❹ おさ
❺ はな
❻ むじゅん
❼ はしゃ
❽ さいむ　×せきむ
❾ す
❿ こうふく
⓫ みょうぎ
⓬ きろ
⓭ じゅんぼく
⓮ とつ
⓯ ぞうしょ

3

❶ 収拾　×収捨
❷ 収集
❸ 成功　×成攻
❹ 精巧
❺ 得意
❻ 特異
❼ 支持
❽ 指示
❾ 師事
❿ 解放
⓫ 開放
⓬ 快方
⓭ 追及
⓮ 追求
⓯ 追究

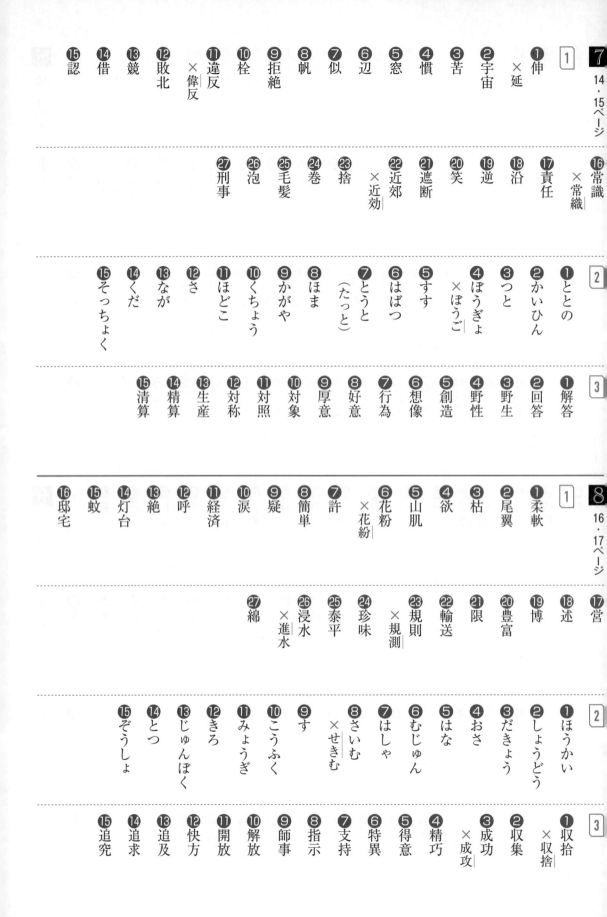

9 18・19ページ

1

❶比較
❷収穫 ×収獲
❸紹介 ×招介
❹敏感
❺賢明
❻普及
❼瞬間
❽浴
❾納得
❿領域
⓫指摘
⓬漠然
⓭微妙
⓮獲得 ×穫得
⓯過程 ×課程
⓰錯覚
⓱傑作
⓲沖合
⓳偉
⓴辱
㉑降 ×下
㉒片付
㉓姓名
㉔効 ×郊
㉕竹垣
㉖硬球
㉗抵抗

2

❶ふる
❷きんこう
❸なつ
❹へだ
❺じゅれい
❻はあく
❼はず
❽おそ
❾うなが
❿おんけい
⓫あわ
⓬もど
⓭きがん
⓮ぎんみ
⓯へんきゃく

3

❶痛
❷傷
❸業
❹技
❺混
❻交
❼表
❽現
❾著
❿暑
⓫熱
⓬厚
⓭写
⓮映
⓯移

10 20・21ページ

1

❶徹底 ×撤底
❷構
❸辛抱
❹恥
❺余裕
❻誇張
❼環境 ×還境
❽偶然 ×隅然 ×遇然
❾誘
❿象徴
⓫反映
⓬魅力
⓭衰
⓮示唆
⓯癖
⓰機能
⓱気配
⓲茂
⓳漸減
⓴抹殺
㉑授
㉒挟
㉓曇 ×雲
㉔粗末 ×阻末
㉕我慢 ×我漫
㉖生計
㉗酢酸

2

❶みが
❷い ×え
❸あやつ
❹おちい
❺うつわ
❻は
❼さえぎ
❽けしき
❾と
❿こころ
⓫ゆず
⓬かたすみ
⓭かきょう
⓮むく
⓯おもむき

3

❶覚
❷冷
❸備
❹供
❺望
❻臨
❼継
❽告
❾次
❿努
⓫勤
⓬務
⓭冒
⓮犯
⓯侵 ×浸

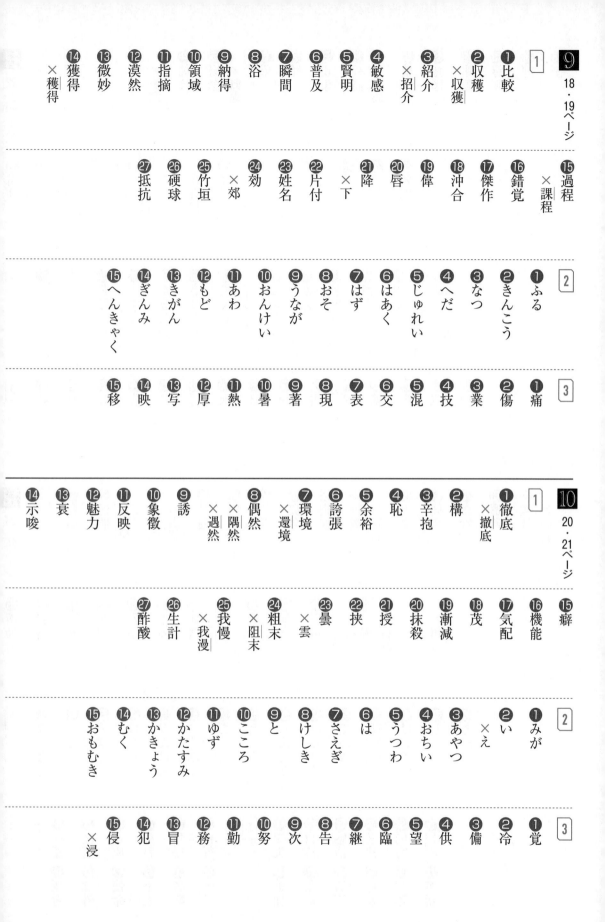

11 22・23ページ

1
❶網羅
❷避
❸衝撃 ×衝激
❹純粋
❺概念 ×慨念
❻厳
❼埋
❽現象
❾異議 ×異義
❿繁栄
⓫意図
⓬陣頭
⓭録画
⓮岬
⓯割
⓰霜柱
⓱併 ×合
⓲隻
⓳油膜 ×油漠
⓴真剣 ×真倹
㉑矛盾
㉒握
㉓励
㉔澄
㉕眺
㉖感銘
㉗名称

2
❶じゅうたい
❷ふく
❸ちじょく
❹けず
❺たましい
❻きょだく
❼ちくいち（ちくいつ）
❽こんしん
❾かんぱん
❿とほう
⓫さと
⓬せいしょう ×さいしょう
⓭ふんえん
⓮くし
⓯くわ

3
❶破
❷敗
❸顧
❹省
❺訪
❻尋
❼硬
❽堅
❾固
❿占
⓫閉
⓬締
⓭修
⓮収
⓯納

12 24・25ページ

1
❶容易
❷対照 ×対象
❸課程 ×過程
❹歓迎
❺円熟
❻極端
❼機会
❽把握
❾特徴 ×特長
❿喪失
⓫興奮
⓬奇妙
⓭遭遇
⓮鑑賞 ×観賞
⓯衝動
⓰展開
⓱冒険
⓲傾向
⓳妥協
⓴支障
㉑顕著
㉒滞在
㉓統計
㉔崩壊
㉕圧倒 ×圧到
㉖自慢 ×自漫
㉗招 ×紹

2
❶なっとく
❷いじ
❸そぼく
❹はもん
❺ひんぱん
❻こくふく
❼たく
❽と
❾しんちょう
❿ほんやく
⓫ていねい
⓬ひたい
⓭けいさい
⓮し
⓯きせい

3
〈例〉
❶同意 ❷慣習
❸沈着 ❹意外
❺達成 ❻使命
❼材料 ❽不意
❾名誉 ❿省略
⓫刊行 ⓬効果

4
❶損失 ❷追加
❸自然 ❹服従
❺感情 ❻消極
❼必然 ❽危険
❾内容 ❿複雑
⓫短縮 ⓬革新

13 26・27ページ

1

❶覆
❷記憶　×記憶
❸証拠
❹匹敵
❺風潮
❻局地　×極地
❼某所
❽先遣
❾添削
❿濫用（乱用）
⓫脱税
⓬依然　×以前
⓭鉱脈
⓮駆
⓯輪郭
⓰到達　×倒達
⓱飛躍
⓲誇
⓳困難
⓴刺激
㉑実践　×実戦
㉒敷
㉓模様
㉔恩恵
㉕迎
㉖押
㉗漂

2

❶はいせき　×はいそ
❷もっぱ
❸こだち
❹す
❺おだ
❻うむ　×ゆうむ
❼べいじゅ
❽ゆいいつ　×ゆいつ
❾ともな
❿わくない
⓫のうり
⓬あまも
⓭けんびきょう
⓮たな
⓯あいご

3

〈例〉
❶懸念　❷節約
❸温厚　❹質素
❺看病　❻過失
❼準備　❽方法
❾短所　❿音信
⓫理由　⓬発想

4

❶発生　❷縮小
❸被告　❹主観
❺消費　❻実在
❼抽象　❽特殊
❾創造　❿理想
⓫権利　⓬促進

14 28・29ページ

1

❶儒教
❷軌道
❸芽　×目
❹分析
❺貸与
❻俳句　×排句
❼貢献
❽普遍　×普編
❾額
❿前提
⓫託
⓬孤独
⓭偏見　×編見
⓮構築　×講築
⓯憩
⓰脅威　×驚異
⓱覚悟
⓲汚染
⓳干渉
⓴並列
㉑国旗
㉒距離
㉓沖縄
㉔衣替
㉕暫時
㉖更新
㉗塗

2

❶かわ
❷えいかん
❸とぼ
❹せいじょう
❺るいすい
❻もう
❼いんが
❽けいだい　×けいない
❾そつう
❿りさん
⓫きょうじゅ
⓬いや
⓭かわせ
⓮おろし
⓯かわ

3

❶耳
❷鼻
❸顔
❹歯
❺鼻
❻肩
❼目
❽足
❾目薬
❿衣装
⓫皮算用
⓬筆
⓭馬
⓮郷・郷
⓯功名

15 30・31ページ

1

❶脳裏 ❷秩序 ❸蛍 ❹祝祭日 ❺耐 ❻原稿 ❼後悔 ×後侮 ❽収 ❾尼寺 ❿潤 ⓫印象 ⓬深刻 ⓭警戒 ⓮負 ⓯消防署 ⓰祈

⓱楼 ⓲騎乗 ⓳籍 ⓴怒号 ㉑売買 ×買売 ㉒西欧 ㉓蓄積 ×畜積 ㉔隠 ×穏 ㉕懸命 ㉖閉口 ㉗破壊 ×破懐

2

❶ぬぐ ❷すぐ ❸しんこく ❹めいか ❺みゃくらく ❻はな ❼どうさつ ❽えっとう ❾もうら ❿さ ⓫ひげ ×ひか ⓬ふんべつ ×ぶんべつ ⓭はなたば ⓮きが ⓯だとう

3

❶腹 ❷歯 ❸花 ❹油 ❺筆 ❻足 ❼音 ❽鬼 ❾石橋 ❿利 ⓫跡 ⓬果報 ⓭惜 ⓮腕 ⓯仏

16 32・33ページ

1

❶処理 ❷冗談 ❸翻訳 ❹飼 ×買 ❺抑制 ×抑成 ❻操 ❼揺 ❽迷惑 ❾謙虚 ❿栽培 ×裁培 ⓫浸透 ×侵透 ⓬循環 ⓭桟橋 ⓮宣言

⓯醸造 ⓰唐 ⓱絹糸 ⓲携帯 ⓳飽 ⓴治療 ㉑根底 ㉒積 ㉓繰 ㉔勧誘 ×勘誘 ㉕基礎 ㉖教授 ㉗手術

2

❶の ❷あた ❸しょうじん ×せいしん ❹さくりゃく ❺しぼ ❻えつらん ❼ぎょうそう ×けいそう ❽みやげ ❾ごうぞく ❿うれ ⓫ひじゅん ⓬かんあん ⓭はんぷ ⓮かへい ⓯さつえい

3

❶機・しんきいってん ×気 ❷載・せんざいいちぐう ❸伝・いしんでんしん ❹期・いちごいちえ ×いっきいっかい ❺万・せんさばん(まん)べつ ❻馬・ばじとうふう ❼進・にっしんげっぽ ×新 ❽砕・ふんこつさいしん ❾鬼・ぎしんあんき ×気 ❿単・たんとうちょくにゅう ×短

17 34・35ページ

1

❶女系
❷移植 ×移殖
❸惜
❹贈 ×送
❺飾
❻過剰
❼歓喜
❽乾燥
❾企画
❿幼稚
⓫紫外線
⓬亜鉛
⓭朗読
⓮乳牛
⓯緩和
⓰換気扇
⓱排除 ×俳除
⓲開拓
⓳依存
⓴胸騒
㉑猛烈 ×猛裂
㉒愉快
㉓有頂天 ×有頂点
㉔接触
㉕偽
㉖課 ×科
㉗兼

2

❶なめ ×すべ
❷じゅんしゅ
❸ぜせい
❹う
❺さぐ
❻よゆう
❼しろもの
❽いなか
❾せいじゃく
❿ふち
⓫まいぼつ
⓬おうりょう
⓭た
⓮ゆうぜん
⓯したく

3

❶同・いっしんどうたい
❷八・はっぽうびじん
❸十・じゅうにんといろ
❹髪・ききいっぱつ ×発
❺体・ぜったいぜつめい ×対
❻海・うみせんやません
❼業・じごうじとく ×じぎょうじとく
❽往・うおうさおう
❾深・いみしんちょう
❿夢・むがむちゅう ×無

18 36・37ページ

1

❶軍曹
❷本邦
❸犬猿
❹記念碑
❺抱
❻墨汁
❼個数
❽表彰 ×表賞
❾尽
❿潜
⓫必至 ×必死
⓬宮殿
⓭隅
⓮盆踊
⓯余地
⓰促進
⓱黙
⓲摘 ×積
⓳欠陥
⓴散策
㉑供給
㉒導
㉓境遇 ×境偶 ×境隅
㉔削
㉕協調
㉖傾
㉗政党

2

❶びみょう
❷しゅうかく
❸ばくぜん
❹きょくたん
❺ぶんせき
❻こうふん
❼きみょう
❽さいばい
❾かんしょう
❿せんりつ
⓫ちくせき
⓬たんてき
⓭ふうちょう
⓮こんきょ
⓯きばん

3

❶健やか
❷確かめる
❸専ら
❹勢い
❺逆らう
❻著す
❼鋭い
❽快い
❾危ない
❿頂く
⓫慎む ×慎しむ
⓬敬う
⓭承る
⓮幼い ×幼ない
⓯裁く

19 38・39ページ

1

❶株式
❷徒労
❸鉄橋
❹打撲 ×打僕
❺膨大
❻娯楽
❼視線
❽慕
❾指
❿混同
⓫振興 ×新興
⓬磁石
⓭御用
⓮邪魔
⓯器官 ×気管
⓰聖火
⓱低俗
⓲険
⓳講演 ×構演 ×購演
⓴衰退
㉑睡眠
㉒伯父
㉓裸
㉔樹液
㉕坪庭
㉖猫舌
㉗旅券

2

❶さ
❷そむ
❸ほうき
❹あ
❺しょうとつ
❻こちょう ×ほちょう
❼ゆらい
❽きび
❾びょうしゃ
❿にぎ
⓫へんけん
⓬がいとう ×かくとう
⓭はけん
⓮しゅうしゅう
⓯せんさい

3

❶蓄える
❷退く
❸整える
❹率いる
❺乾く
❻過ごす
❼改める
❽喜ぶ
❾誤る ×誤まる
❿幸い
⓫再び
⓬志す
⓭哀れ
⓮疲れる
⓯熟れた

20 40・41ページ

1

❶殴
❷良質
❸据
❹差
❺妥当
❻野菜
❼超越
❽陰謀
❾損得
❿属
⓫対策
⓬是非
⓭甲高
⓮諾否
⓯鍛
⓰清算 ×成算 ×精算
⓱飼育
⓲追求 ×追及 ×追究
⓳滑
⓴添 ×沿
㉑鼻炎
㉒曲芸
㉓霊
㉔竜
㉕禅僧
㉖南蛮
㉗男爵

2

❶きはく
❷いぜん
❸ざんしん ×ぜんしん
❹むだ
❺きょうい
❻ばいかい
❼こうりつ
❽ぼうとう
❾とうめい
❿なごり
⓫きふく
⓬はんい
⓭かんすい ×かんちく
⓮かんき
⓯ゆうよ

3

❶供える
❷直ちに
❸与える
❹認める
❺必ず ×必らず
❻省みる
❼速やかに
❽報いる
❾交わす
❿垂らす
⓫肥える
⓬汚れる
⓭群がる
⓮試みる
⓯怠る

21 42・43ページ

1

❶久
❷導入
❸間伐
❹縫
❺突如
❻堤防
×提防
❼濃密
❽梅雨
❾展覧
❿点在
⓫繁殖
×繁植
⓬悲哀
⓭率直
×卒直
⓮滞
⓯福祉
⓰隔
⓱仰
⓲尺
⓳乳搾
⓴甲乙
㉑圏外
㉒海賊
㉓貝塚
㉔紺色
㉕埋没
㉖発端
㉗放心

2

❶みちび
❷ひかく
❸うるしぬ
❹ほんそう
×しっそう
❺かせ
❻しゅぎょく
❼ゆうぎ
❽あつか
❾いそが
❿つぐな
⓫うら
⓬さと
⓭みにく
⓮おぎな
⓯けんめい

3

❶普及
❷不朽
❸起工
❹紀行
×記行
❺会心
❻改心
❼期間
❽機関
❾基幹
❿侵入
⓫進入
⓬浸入
⓭歓喜
⓮寒気
⓯換気

22 44・45ページ

1

❶譲
❷磨
❸容赦
❹凝視
❺刈
❻夢中
×無中
❼幹
❽連絡
❾値
❿委嘱（依嘱）
⓫洗
⓬淡
⓭済
⓮雰囲気
⓯兆
⓰開票
⓱焼
⓲星座
⓳歴然
⓴回避
㉑韻律
㉒描
㉓延長
㉔腕
㉕鉄鋼
㉖赴
㉗一緒
×一諸

2

❶た
❷はか
❸うけたまわ
❹はぶ
❺にぶ
❻かしこ
❼さはんじ
×ちゃはんじ
❽ようけい
❾せの
❿ちょうこく
⓫は
⓬くわだ
⓭けんきょ
⓮こはん
⓯ごさん

3

❶機構
❷寄稿
❸意義
❹異議
×異義
❺既成
❻既製
❼好評
❽公表
❾講評
❿不審
⓫腐心
⓬不信
⓭検討
⓮見当
⓯健闘

23 46・47ページ

1
❶区域 ❷歯茎 ❸棟 ×塔 ❹抱 ❺意表 ❻河川 ❼威勢 ❽褐色 ❾遺伝 ❿峠 ⓫囚人 ⓬奨励 ⓭宵 ⓮寝床 ⓯強固 ⓰恐縮

⓱塾 ×熟 ⓲街路樹 ⓳頑丈 ⓴期 ×気 ㉑奇異 ㉒帰還 ㉓崩 ㉔慌 ㉕休暇 ㉖救急 ×急救 ㉗再

2
❶かくだい ❷あず ❸よくせい ❹きんりん ❺いまし ❻もほう ❼けいき ❽はげ ❾えんりょ ❿ゆる ⓫いこ ⓬さかのぼ ×のぼ ⓭しいか ⓮なだれ ⓯ほっさ

3
❶器官 ❷気管 ❸週刊 ❹習慣 ❺普遍 ❻不偏 ❼閉口 ❽平行 ❾平衡 ❿講演 ⓫後援 ⓬公演 ⓭干渉 ⓮観賞 ×鑑賞 ⓯感傷

24 48・49ページ

1
❶召 ❷看病 ❸渇 ×乾 ❹拒否 ❺家畜 ×家蓄 ❻担 ❼煩 ❽桑 ❾量販 ❿令嬢 ⓫塁 ×累 ⓬遮 ⓭肥 ⓮行為 ⓯交互

⓰公衆 ⓱洪水 ⓲摩擦 ×磨擦 ⓳荒廃 ⓴考慮 ㉑凍 ㉒故郷 ㉓顧問 ×顧門 ㉔誤解 ㉕掛 ㉖賛成 ㉗財産 ×財算

2
❶かんび ❷くっし ×くつし ❸はなは ❹こうおん ❺たくえつ ❻ほ ❼と ❽きょしょう ❾てっきょ ❿おか ⓫せつり ⓬みりょく ⓭し ⓮ふ ⓯どんてん

3
❶挙 ❷揚 ❸空 ❹開 ❺直 ❻治 ❼打 ❽討 ❾撃 ❿玉 ⓫球 ⓬弾 ⓭駆 ⓮懸 ⓯欠

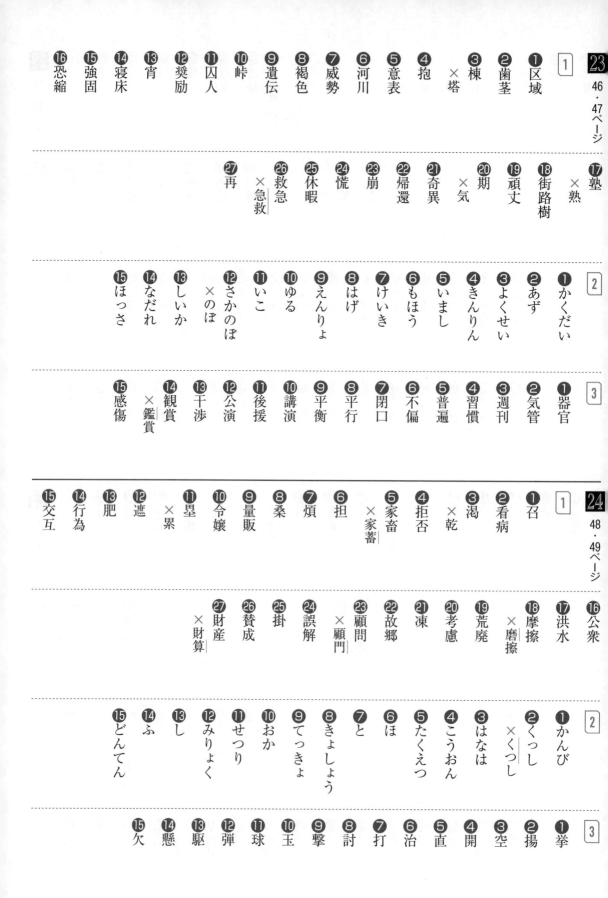

25 50・51ページ

1
❶匿名 ❷完了 ❸殉職 ❹軒下 ❺節約 ❻狭 ❼渋滞 ❽準備 ❾信頼 ❿迫 ⓫喪 ⓬刷 ⓭推察 ⓮随筆 ⓯試練 ⓰誠実 ⓱消化 ⓲生来 ⓳世間 ⓴背筋 ㉑設定 ㉒酪農 ㉓裏 ㉔百獣 ㉕双方 ㉖老婆心 ㉗練

2
❶きわ ❷そ ❸すず ❹あら ❺した ❻きょうたん ❼おとず ❽ちつじょ ❾とこ ×ゆか ❿しょうさん ⓫もよ ⓬おうえん ⓭いふ ⓮あんぴ ×あんひ ⓯み

3
❶押 ❷推 ❸着 ❹付 ❺割 ❻裂 ❼捕 ❽執 ❾採 ❿勧 ⓫薦 ⓬進 ⓭図 ⓮諮 ⓯量 ×測

26 52・53ページ

1
❶尋 ×訪 ❷沈 ❸最適 ❹切符 ❺伺 ❻尊敬 ❼怠惰 ❽待望 ❾慰 ❿組織 ⓫素材 ⓬代償 ⓭段階 ⓮疎遠 ×疎縁 ⓯仲裁 ⓰挑戦 ⓱繊細 ⓲蔵(倉) ⓳壮大 ⓴告 ㉑討論 ㉒異 ㉓弧 ×孤 ㉔枢軸 ㉕遠征 ㉖扱 ㉗弦楽

2
❶かべか ❷かせん ❸きょうちゅう ❹じょうだん ❺のうたん ❻ひってき ❼さいく ❽へいがい ❾ふ ❿たび ⓫きち ⓬だま ⓭はんざつ ⓮いつわ ⓯かんぬし

3
〈例〉
❶静養 ❷許可 ❸永久 ❹革新 ❺野外 ❻命中 ❼比較 ❽失礼 ❾賃金 ❿誘導 ⓫残念 ⓬最期

4
❶完備 ❷早熟 ❸分裂 ❹油断 ❺出発 ❻後天 ❼濃厚 ❽寒冷 ❾平等 ❿過密 ⓫充実 ⓬慢性

27 54・55ページ

1

❶ 卸値
❷ 悩
❸ 煮
❹ 念頭
❺ 年齢
❻ 乏
❼ 映
❽ 滝
❾ 貫
❿ 抜群 ×抜郡
⓫ 載
⓬ 図
⓭ 掃
⓮ 狂
⓯ 温 ×暖
⓰ 弾
⓱ 溶鉱炉
⓲ 骨髄
⓳ 湾岸
⓴ 豚肉
㉑ 忍耐
㉒ 戻
㉓ 躍動
㉔ 濁
㉕ 紛失
㉖ 震 ×振
㉗ 無愛想 ×不愛想

2

❶ じゅんかん
❷ しょうちょう
❸ しんらつ
❹ いど
❺ ひよく
❻ ばいしんいん
❼ けんやく
❽ ごかく
❾ かく
❿ がいきょう
⓫ かんかつ
⓬ えりくび
⓭ ほこ
⓮ たくわ
⓯ す

3

❶ 水
❷ 腕
❸ 顔
❹ 気
❺ 耳
❻ 顔
❼ 目・鼻
❽ 角
❾ 水
❿ 耳
⓫ 後
⓬ 下手
⓭ 千里
⓮ 文殊
⓯ 鬼

28 56・57ページ

1

❶ 就
❷ 炊
❸ 優
❹ 忙
❺ 費
❻ 含
❼ 響
❽ 奉仕
❾ 報道 ×報導
❿ 保管
⓫ 評価
⓬ 滅
⓭ 周 ×回
⓮ 未熟
⓯ 醜
⓰ 妙
⓱ 若
⓲ 麻
⓳ 童謡 ×童揺
⓴ 宿舎
㉑ 砂糖
㉒ 塔 ×搭
㉓ 酵母
㉔ 臭
㉕ 月賦
㉖ 採集
㉗ 索引

2

❶ あたい
❷ あ
❸ のきした
❹ かんしょう
❺ せま
❻ しっぴつ ×しっひつ
❼ うつ
❽ そうさく
❾ がまん
❿ きょうしゅく
⓫ つか
⓬ こくめい
⓭ しば
⓮ ようい
⓯ さんさく

3

❶ 油
❷ 船
❸ 塩
❹ 首
❺ 額
❻ 万事
❼ 穴
❽ 棒
❾ 人
❿ 事
⓫ 花
⓬ 青天 ×晴天
⓭ 方便
⓮ 火中
⓯ 善

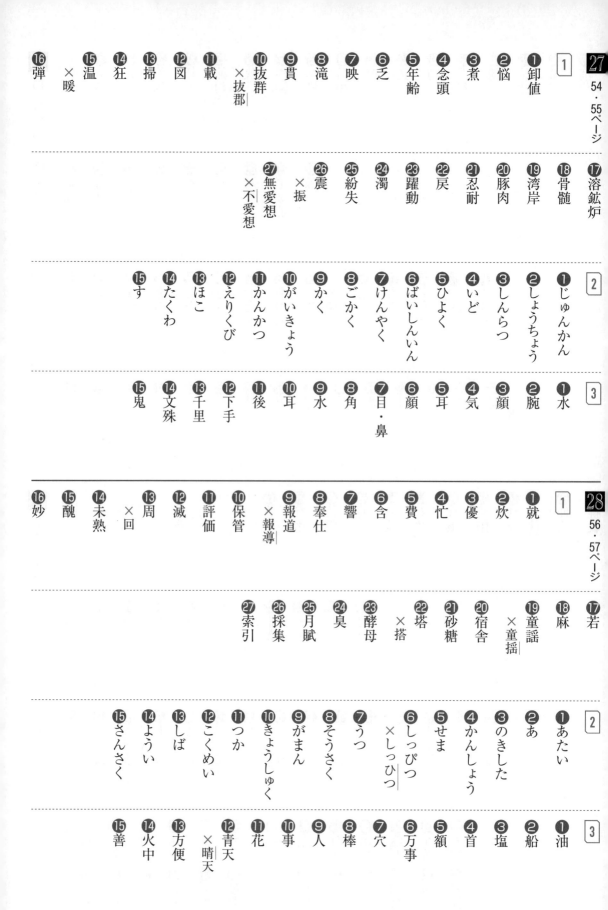

29 58・59ページ

1

❶中身
❷冷静
❸炎
❹仏閣
❺立派
❻郵便
❼処分
❽涼
❾創刊
❿順応
⓫継 ×次
⓬停留所
⓭侵
⓮復旧
⓯補修 ×捕修
⓰浪費
⓱吟味
⓲該当
⓳収拾
⓴均衡
㉑感慨
㉒欠如
㉓執着
㉔岐路 ×帰路
㉕帰省
㉖風情
㉗困惑

2

❶しゅう
❷とうすい
❸あざむ
❹ゆうかん
❺いど
❻そち
❼しゅっぱん
❽りんかく
❾はおり
❿せんい
⓫さっかく
⓬かんじん
⓭しょうそう
⓮せっちゅう
⓯さっそく

3

❶空・くうぜん ぜつご
❷模・あんちゅう もさく
❸柔・ゆうじゅう ふだん ×従
❹在・じゅうじ ざい
❺試・しこうさ くご
❻傍・ぼうじゃく ぶじん ×暴
❼憂・いっきい ちゆう
❽晩・たいきば んせい
❾尽・じゅうおう むじん ×人
❿両・いっきょ りょうとく

30 60・61ページ

1

❶雑踏
❷拒
❸統率 ×統卒
❹培
❺唯一
❻伐採
❼交錯
❽委
❾体裁 ×体栽
❿口調
⓫便宜
⓬紳士
⓭承諾
⓮船舶
⓯車掌
⓰卑劣
⓱将棋
⓲舞踏 ×舞踊
⓳皇帝
⓴直轄
㉑陳謝
㉒極度
㉓過酷
㉔成果
㉕洗濯
㉖包含
㉗滑走

2

❶けはい
❷こうたい
❸しょうれい
❹おうらい
❺まさつ
❻いっしょ
❼かくとく
❽てってい
❾しょうこ
❿かじょう
⓫へんせん
⓬しんさん
⓭れいか
⓮きばつ
⓯おうだ

3

❶実・ゆうめい むじつ
❷機・りんきおう へん ×気・期
❸走・とうほん せいそう
❹悪・あくせん くとう
❺壮・たいげん そうご ×荘
❻支・しりめつ れつ ×枝
❼夕・いっちょう いっせき
❽潔・せいれん けっぱく
❾棄・じぼうじき
❿公・こうめい せいだい

31 62・63ページ

1

❶鋳型　❷漬　❸装　❹砂浜　❺零細　❻多彩　❼脈動　❽懐　❾発掘　❿若干　⓫喫茶　⓬抽象　⓭脚色　⓮枚挙　⓯稼　⓰殻 ×穀

⓱種苗　⓲賄　⓳砕　⓴探究 ×探求　㉑旬　㉒志向 ×指向　㉓且　㉔棄却　㉕脂汗 ×油汗　㉖渓谷　㉗煮沸

2

❶あいさつ　❷いけい　❸いんこう　❹さいえん　❺おれ　❻いかいよう　❼かき　❽かんこく　❾きんき　❿にしき　⓫さんけい ×さんぱい　⓬けんぽう　⓭きんこ　⓮しんちょく ×しんしょう　⓯こくじ

3

❶奪う　❷飽きる　❸疑う　❹驚く　❺損ねる　❻争う　❼輝く　❽捕まえる ×捕える　❾潔い　❿照らす　⓫盛り　⓬失う　⓭固める　⓮極めて　⓯湿る

32 64・65ページ

1

❶診 ×見　❷耐熱　❸殊　❹雇　❺露呈　❻吐息　❼陳列　❽華麗　❾趣旨 ×主旨　❿勘定　⓫覇権　⓬繕　⓭宴席　⓮高騰 ×高謄　⓯痴態

⓰有終　⓱懐中 ×壊中　⓲把持　⓳偏(片寄)　⓴崇拝　㉑役柄　㉒陶器　㉓虚偽　㉔葬儀　㉕津々(津津) ×深々　㉖都合　㉗因縁

2

❶ごうまん　❷しっぺい ×しつびょう　❸ゆちゃく　❹しろうと　❺はんれい　❻きょくち　❼またた　❽じゃくねん　❾さんばし　❿できあい　⓫しゅういつ　⓬わず　⓭ざせつ　⓮かたまり　⓯ひま

3

❶該当　❷街頭　❸開花　❹開化　❺特徴　❻特長　❼抗議　❽講義　❾広義　❿慣習　⓫監修　⓬観衆　⓭時期　⓮時季　⓯時機

33 66・67ページ

1
❶凍結 ❷重宝 ❸程 ❹逃避 ❺侮辱 ❻堪 ×耐 ❼旋律 ❽丹精(丹誠) ❾角逐 ❿包括 ⓫懇親 ⓬転嫁 ×転化 ⓭戦艦 ⓮頑 ⓯還暦 ×還歴
⓰書斎 ⓱秀 ⓲抑揚 ⓳声援 ⓴諭 ㉑主催 ×主宰 ㉒自負 ㉓無謀 ×無暴 ㉔悼 ㉕落胆 ㉖逸話 ㉗飢餓

2
❶いろど ❷あ ❸ぜんじ ×ざんじ ❹ざゆう ❺めいさつ ❻きょうしゅう ❼ひとみ ❽ぶよう ×ぶとう ❾かんり ❿えさ ⓫じゅばく ⓬ふっしょく ⓭すその ⓮せんちゃ ⓯はいぜん

3
❶止 ❷留 ❸返 ❹帰 ❺減 ❻経 ❼解 ❽説 ❾溶 ❿澄 ⓫済 ⓬住 ⓭変 ⓮代 ⓯替

34 68・69ページ

1
❶戦禍 ❷稲穂 ❸親戚 ❹被 ❺閉鎖 ❻濃 ❼途方 ❽束縛 ❾基 ❿小康 ×少康 ⓫浸 ⓬摂取 ⓭投影 ×透影 ⓮報酬 ⓯水槽 ⓰蒸
⓱甚 ⓲肖像 ⓳会得 ⓴恒例 ㉑皮膚 ㉒不測 ㉓審美 ㉔矯正 ×矯整 ㉕庶務 ㉖昇 ㉗瀬戸際

2
❶いんねん ❷や ❸せんばん ❹だえき ❺しょぐう ❻よ ❼かな ❽だっぱん ❾かんきょ ❿じゃすい ⓫ゆうへい ⓬はたん ⓭ざんてい ⓮じょうじゅ ⓯しせい

3
〈例〉
❶異議 ❷誤解 ❸性格 ❹事実 ❺返事 ❻情景 ❼所有 ❽本心 ❾宿命 ❿着服 ⓫立身 ⓬継承

4
❶内政 ❷整然 ❸無事 ❹苦痛 ❺除外 ❻真性 ❼本業 ❽返済 ❾拾得 ❿個人 ⓫歓喜 ⓬追跡

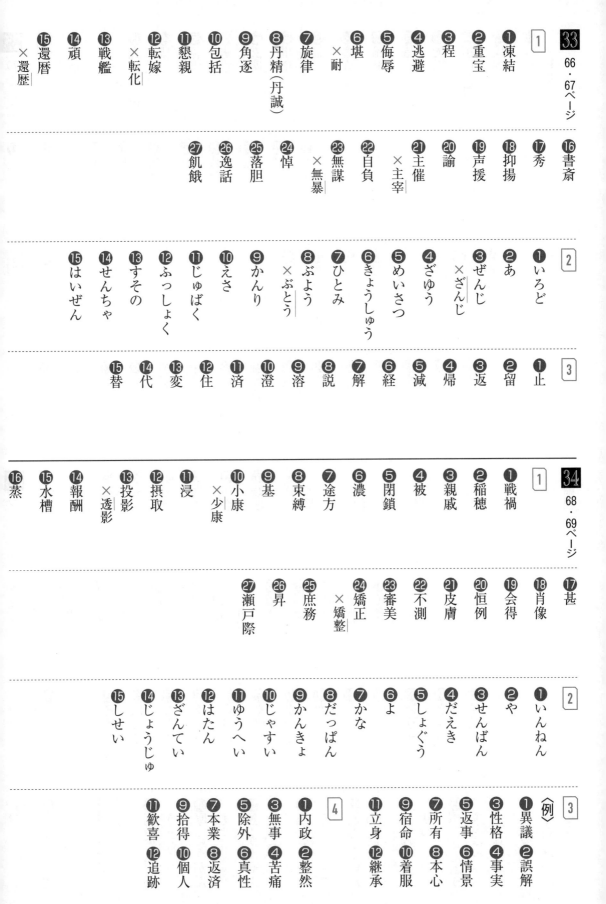

35 70・71ページ

1

1 厳格
2 大綱
3 究極（窮極）
4 靴
5 秘湯
6 逃亡
7 玄関
8 事項
9 催
10 遵守（順守）
11 締結
12 惨
13 光沢
14 相違（相異）
15 校舎
16 精巧　×精功
17 騒
18 伯仲　×泊中
19 優雅
20 恨
21 凡庸
22 修
23 訪問
24 慈
25 控
26 運搬
27 削除

2

1 はか
2 きざ
3 じもく
4 か
5 にお
6 ほそう
7 れんか
8 ふせつ
9 こうし
10 さいやく
11 あんぎゃ
12 ごう　×ぎょう
13 そしょう
14 めんえき
15 ゆかた

3

1 実
2 息
3 句
4 火
5 寝
6 目
7 足
8 目鼻
9 魚
10 水
11 赤子
12 恩
13 水
14 石
15 玉

36 72・73ページ

1

1 嫌
2 拍子
3 釣
4 刃渡
5 逝去
6 窃盗
7 妊娠
8 挿　×指　×差
9 三泊
10 充血
11 盲点
12 抗争
13 憤慨
14 契機
15 寛大
16 倫理
17 侵略　×浸略
18 思慮
19 休憩
20 奔放
21 趣
22 嘆
23 由緒　×由諸
24 豪華
25 憎悪
26 架空　×仮空
27 幾多

2

1 さわ
2 う
3 そうごん
4 はんぱ
5 りちぎ
6 あいせき
7 めっし
8 やぼ
9 かいこん
10 たぐ
11 しんし
12 い
13 ほうき
14 きょうだん
15 ちんあつ

3

1 天・きそうてんがい
2 哀・きどあいらく
3 周・よういしゅうとう
4 厚・こうがんむち　×紅
5 無・かんぜんむけつ
6 孤・こりつむえん　×弧
7 飲・ぼういんぼうしょく
8 末・しようまっせつ
9 順・じゅんぷうまんぱん　×じゅんぷうまんぽ
10 味・むみかんそう

① 74・75ページ

1

❶鉄橋
❷統計
❸操縦
❹円熟
❺宿舎
❻候補
×候捕
❼並列
❽鉱脈

2

❶催す
❷群がる
❸損ねる

3

❶はもん
❷ひんぱん
❸ざんしん
❹きろ
❺びょうしゃ
❻ほんぽう
×ほんほう
❼さいばい
❽ぎせい
❾ほんろう
❿こうたく
⓫ぬぐ
⓬いこ
⓭わず

4

❶イ
❷イ
❸ウ

5

❶ウ
❷イ
❸ア
❹イ

6

❶イ
❷ア
❸ア
❹イ
❺ウ
❻イ

② 76・77ページ

1

❶曇
❷旅券
❸演奏
❹由来
❺散策
❻親戚
❼専門
×専問
❽招待
×紹待

2

❶熟れる
❷試みる
❸承る

3

❶かれい
❷ちょうせん
❸したく
❹かきょう
❺じゅんかん
❻じゅんしゅ
❼いふ
❽びんかん
❾しげき
❿いそが
⓫おちい
⓬さかのぼ
⓭さえぎ

4

❶ウ
❷ウ
❸エ

5

❶イ
❷ウ
❸エ

6

❶一
❷十
❸千
❹暴
❺自
❻往
❼自

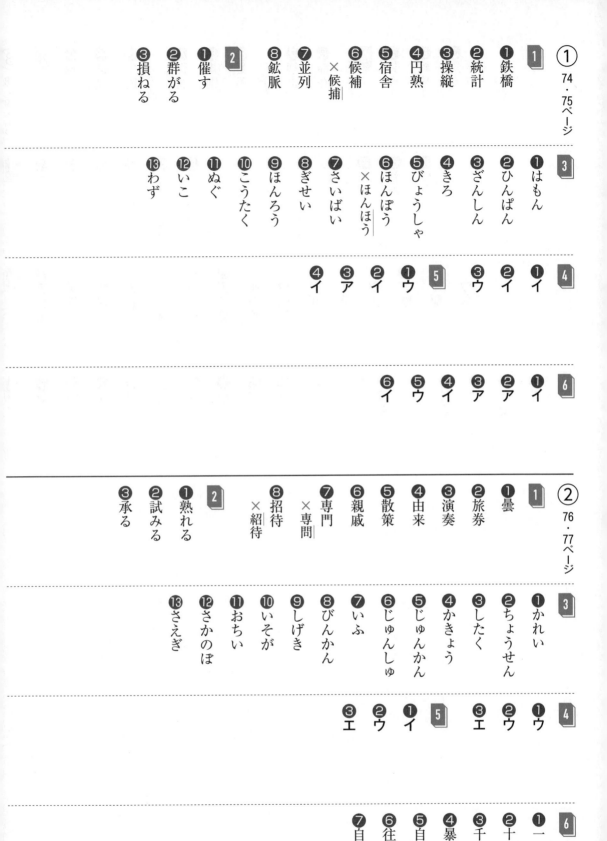

③ 78・79ページ

1
❶綿密
❷評価
❸率直
×卒直
❹保管
❺規則
❻奮起
×奮気
❼禁止
❽滞在

2
❶装う
❷縮める
❸驚き

3
❶かんすい
❷こくじ
❸しんらつ
❹せんりつ
❺じょうぞう
❻けいだい
×けいない
❼ひよく
❽けいとう
❾じゅうたい
❿ほそう
⓫なが
⓬おお
⓭ゆだ

4
❶ア移動
イ異動
ウ異同
❷ア感傷
イ観賞
ウ干渉
❸ア精算
イ清算
ウ生産
❹ア現
イ著
ウ表
❺ア懸
イ駆
ウ欠

5
❶新
❷宿
❸発
❹期
❺沈
❻複
❼拾
❽追
❾濃
❿抽

6
❶満帆
❷惜
❸目薬
❹油
❺応変
❻潔白

受験研究社